몸 정서 심리치료

몸 정서 심리치료

관찰, 진단, 평가

류분순 지음

圖書出版 하나醫學社

머리말

오늘날 정신의학이나 심리학, 뇌 과학과 연관되는 학문은 광범위하다. 특히 예술과 인간 정신 영역의 관련성에 대한 연구가 20세기 중반 이후부터 활발해져서 신체 · 정서 중심치료인 무용동작 심리치료, 예술 심리치료, 표현 정신 병리학Psychopathology of expression, 표현예술치료 등의 언어로 학문 체계가 생기게 되었고, 이즈음에 와서 뇌 과학과 몸, 정서의 관계에 관해 많은 연구가 이루어지고 있다.

몸 정서 심리치료, 예술치료는 인간의 표현 활동의 소산인 무용동작, 음악, 드라마, 미술 등을 수단으로 삼아 개인의 심리치료를 돕게 된다. 정신 병리적으로 문제가 있는 사람이나, 일반적 신경증, 스트레스 상황에 놓인 사람들에게 심리 내적 표현과 자기성장의 목적을 가지고 창조적으로 행해지는 활동 과정의 총합이라 할 수 있다. 무의식 안에 있는 내적 감정과 충동을 표현하게 함으로써 개인의 정체성을 찾고, 몸에 기억된 심리적인 억압 · 불안 · 상처 등을 안전하게 내어놓게 하는 것이다.

몸 정서 심리치료의 관찰, 진단, 평가는 신체 정서, 개인의 창조성, 고유성, 온전성을 위한 진단 및 치료계획 영역을 이해하는 데 중요한 부분이다. 우리의 몸은 정서적 변화로 몸의 형태가 바뀌는데, 정서적으로 조율된 몸은 새로운 뇌 신경 회로의 발달과 환경에 대한 적응력을 촉진하고, 감정, 사고, 행동의 관계성을 만든다.

몸에는 깊은 역사적 기억을 담고 있는 가장 오래된 언어가 있으며, 몸의 영역에 들어가면 자신의 역사와 그 안에 존재하는 모든 것을 만나게 된다. 그러므로 몸은 우리가 가진 가장 확실한 역사로서 정신이 의식적으로 그 무게를 감당할 수 없어서 억압하거나 관계를 끊은 감정, 기억들을 보존한다. 몸은 지문만큼 우리의 고유성을 표현하는 움직임의 사인을 가지고 있는데, 그것이 우리의 사고와 감정, 문화나 언어가 달라도 몸짓으로 공감과 소통이 가능한 이유다.

이 책은 우리의 신체 정서 심리를 관찰하고, 진단 평가하는 다양한 방법에 관한 것이다. 몸 정서 심리치료는 인간의 창조성, 고유성의 출구로 기능하는 내면적 표현 행위의 과정을 통해 심리적 갈등을 객관화할 수 있고, 이를 정화해 회복 능력을 키우는 과정이다.

몸과 정신의 통합, 자기 조절, 상호작용, 자기표현 등의 심리 치료적 과정에서 움직임을 관찰하고, 진단 평가하는 일은 임상 현장에서 매우 중요하다고 하겠다. 그러므로 신체 메시지 진단 평가, 동작 관찰과 동작 평가, 행동 및 움직임 진단척도 등을 통해 내담자 움직임의 질적 충동, 몸의 형태, 공간, 무게, 시간을 측정 · 평가함으로써 심리 생리적 과정 사이의 상호관계를 관찰할 수 있는 과학적이고 체계적인 방법으로 자리매김할 수 있을 것이다.

목차

1부

몸과 정서

1장
몸과 내면의 무의식, 감정

기억하는 몸

몸은 근원적으로 다른 사람들과 공유될 수 없는 고유성을 띠고 있다. 우리 몸의 호흡, 맥박, 심장박동에는 고유의 리듬이 있으며, 자연이나 우주의 리듬과도 이어져 있다. 살아있음을 의미하는 움직임은 언어나 생각보다 앞서며, 내가 기억하지 못하는 내면의 무의식이나 감정, 욕구를 내 몸은 기억하고 끊임없이 비언어적 방식으로 표현한다.

인간의 심리와 행동을 이해하는 데 필수적 개념인 신체상은 신체 자아, 신체 정서, 몸 인식 이미지 등으로 다양하게 기술되어 왔다. 신체상은 신체에 대한 감각적 · 인지적 요소와 태도 및 정서적 요소로 구성된다. 감각적 · 인지적 요소는 신체상의 평가, 신체 모습의 왜곡과 같은 신체에 대한 직접적인 인지 및 평가를 의미하며, 태도 및 정서적 요소는 불안, 억압 등에 방어기제로 작동하는 신체에 대한 태도, 정서적 가치를 의미한다.

신체 안에 내재된 어떤 강한 감정은 평생 지속될 수 있고, 혼돈된 감정은 신체의 자유로운 표현능력을 방해한다. 무표정한 얼굴, 갈라진 목소리, 경직된 어깨, 축

늘어진 팔, 거부하는 완고한 손, 굳은 등, 답답한 가슴, 힘없이 끌며 걷거나 조급한 걸음걸이…. 이러한 몸의 상태는 내면의 감정을 처리하거나 승화하지 못하는 상태를 무의식중에 드러낸다. 즉, 몸이 '스스로 말을 한다'는 의미이다.

심리 분석적 견해와 신체 지각

1. 심리 분석적 견해

몸과 움직임에 대한 심리 분석적 견해들은 다양하다. 무의식적인 의사소통으로 간주하기도 하고, 한편으로는 정신적 성장이나 발달 단계에서 고착 상태에 이르게 된 요인들을 찾는 데 중점을 둔 견해도 있다.

신체 심리치료 과정에서 보여지는 몸의 자세는 개인이 자기 삶에 대한 태도를 표현하고 의사소통하는 몸짓의 한 형태라고 볼 수 있다. 습관적이거나 반복적인 몸짓은 그 사람의 내적 태도라고 볼 수 있기 때문에 자세는 반복적인 몸짓으로 고착되고 정형화된다. 그러므로 습관적인 자세나 몸짓을 스스로 자각하게 하여 내면의 상태와 연결할 수 있다.

공격적인 사람들은 무의식 안에 분노와 화의 감정을 품을 수 있는데, 이에 따른 몸의 반응에는 발을 구르거나 소리 지르기, 어깨 숨쉬기, 물건을 치거나 던지기, 주먹 쥐기, 몸을 부딪치는 행위 등이 있다. 불안과 두려움, 죄책감 반응은 얕은 호흡, 가슴 조임, 안절부절, 위축, 신경질적인 손놀림 등, 전반적으로 긴장의 특징을 갖는다. 슬픔의 반응은 몸이 아래로 무너지거나, 다른 신체 부분 꽉 잡기, 두 손으로 가슴 누르기, 몸을 움직이지 않기 등이다. 우울의 특징은 긴장하고 무력해질 수 있으며, 느리고 무겁다. 기쁨과 즐거움의 경우에는 손뼉치기, 두 팔을 위로 흔들기, 뛰어오르기 등, 공간과 신체의 확장성이 일어난다.

2. 신체 지각

신체 심리치료와 무용동작 심리치료 양쪽 모두 신체 지각은 기본적으로 매우 중요하다.

신체 지각은 움직임을 통해 신체에 내재된 정서를 경험함으로써 무의식의 경험 또는 기억을 인식하는 것을 말한다. 여기서 내담자의 고유한 신체 · 정신 · 정서라는 점에서 중요한 치료적 의미가 발생한다. 즉 신체 지각 과정은 내담자가 구체적 체험을 하는 과정으로, 대체될 수 없는 실존이라는 점에서 치료적 의미를 가진다.

이렇듯 신체 심리치료와 무용동작 심리치료는 우리 안에 숨겨진 억압, 갈등, 분노, 두려움, 혼란 등을 신체 지각과 정서 표현으로 풀어내게 함으로써 영혼이 무력해지거나 내적 갈등으로 분열된 에너지를 창조적 에너지로 정화할 수 있다는 점에서 매우 비슷하다. 몸의 존재로서의 신체 지각은 심리치료의 출발이며, 이것을 이해하고 시작할 때 내담자도 치료사도 진정한 치료를 향해 나아갈 수 있다고 생각한다.

신체 심리치료와 무용동작 심리치료의 같은 점은 신체에 주의를 기울이고 집중하면서 느끼는 신체 느낌을 중요하게 다룬다는 데 있다. 이런 느낌이 내적으로 어떻게 연결되는지, 이에 대한 탐색 과정을 통해 얻는 신체 지각 체험을 중요시하는 것이다. 신체에 주의를 집중하고 느끼는 과정에서 신체 내부 근감각 지각을 향상시키고, 신체와 정신의 균형을 강조하는 방법이다.

이를 통해 다양한 내적 충동과 에너지 특성을 토대로 시간과 공간에서 다양한 움직임의 가능성을 찾을 수 있으며, 자신이 독특한 움직임의 습관과 패턴을 가지고 있다는 사실을 알게 된다. 이런 움직임의 측면에 친숙해지는 과정에서, 자기 몸 정서를 알아차리는 것이다.

일반적으로 신체 심리치료와 무용동작 심리치료 과정에서는 자기 몸에 대해 자각하고, 내 · 외적 자극에 대해 몸의 반응성이 증가한다. 내담자는 몸의 에너지 수준과 다양한 감정 상태 간에 관계가 있다는 것을 인식하기 시작하는 것이다.

다음으로 자신의 정서적 충동성이 따라 나오면서, 자유롭게 움직이려 할 때 이것이 방해 요소로 작용하는 긴장과 접촉하기 시작한다. 그런 긴장은 답답하거나 불편하거나 통증으로 경험되기 때문에, 느껴지는 움직임의 흐름을 방해한다. 이런 경험을 통해 자신이 의식적으로 회피하거나 기억하지 못했던 문제를 통증이나 불편함으로 몸이 기억하고 있었다는 사실을 인식할 수 있고, 자신과 타인과의 관계에서 새로운 의미와 통찰을 얻게 되기도 한다.

즉 자신을 느끼는 경험 과정의 근원으로서 신체가 말하는 자기를 알게 되고, 나아가 그런 진정한 움직임의 경험 후에 생기는 언어화는 자신의 정체성을 강화하고 명료화시켜 자신을 온전하게 통합될 수 있게 한다.

다른 한편 무용동작 심리치료가 신체 심리치료와 분명하게 다른 점은 창조적 표현과 자발성에서 샘솟는 리듬적 에너지에 의해 자신의 문제를 변형할 수 있다는 것이다.

무용동작 심리치료는 미학적으로 승화시키는 몸의 표현과 리듬성, 조화를 이루는 상호작용, 조율 그리고 창의성과 자발성을 사용하여 심층의 문제와 감정적인 이슈를 들추어내어 긴장이나 상처, 정서적 장애와 스트레스 등을 창조적인 방향과 예술적으로 승화시킨다(류분순, 2017).

즉 안전하고 지지를 받을 수 있는 환경에서 자신의 분노나 좌절감과 같은 억눌린 감정을 발산할 수 있는 리듬과 춤을 통해 표현할 수 있는 것이다. 이러한 과정은 감정적 파장과 '감정을 서로 나누는 것'을 쉽게 해 준다. 나아가 비춰주는 미러링과 공감적 반영, 표현 움직임의 잠재력에 대한 확장과 명백화, 그리고 춤으로 승화시킨 자기 이해와 성찰로 이어진다.

무용동작 심리치료 상호반응에서의 일치와 반영 효과의 특징은 다른 사람의 행위를 단순히 '모방'하는 것이 아니라, 치료사가 내담자의 정서를 비추고 반영하고 있음을 의미한다. 즉 치료사의 몸의 정서 반응이 자신의 몸짓과 일치될 때 감정이입이 잘 이루어지는 것이다.

춤을 통해 의사소통을 전개해 나가는 접근방식을 사용하기 때문에 치료사는 움직임 반영과 확장, 개입을 위해서 필수적으로 자기 몸을 쓰게 되고, 자기표현이나 상호작용을 위한 치료적 수단으로서 치료사의 리듬과 움직임은 심리적 역동을 주고받으며 이끌어 가는 데 중요한 요소로 작용한다. 자신의 정서를 춤동작이라는 수단을 통해서 표현하고, 자신만의 의미를 담아 움직이게 될 때 춤동작은 치료적 수단이 되는 것이다.

또한, 무용동작 심리치료에서 중요한 점은 움직여지게 만드는 흐름의 리듬이다. 정서적 긴장을 해소하거나 리듬으로 변형시키고 흐르게 함으로써 저절로, 자기 본연의 모습 그대로, 자기 리듬대로, 자연스럽게 움직임이 일어난다. 무용동작 심리치료는 리듬과 춤동작에서 창의성 · 자발성을 경험하고 인지한 것을 경험 후에 언어적인 서술로 명료화하게 한다. 즉 자기 근육 움직임을 자각하고 자신의 정서와 욕구를 인식하고 수용함으로써 감정, 몸, 정신이 결합하여 심리적인 이해로 확장된다(류분순, 2017).

인간의 행동 양식은 감정 행동, 인지 행동, 무의식 행동, 그 외의 복합적인 양식으로 특징지어진다. 인간은 신체기능과 정신, 감정, 행동이 서로 떨어진 것이 아니라, 전체적인 개념으로서 이를 공동으로 조절한다.

몸의 영역에 들어가면 자신의 역사와 그 안에 존재할 수 있는 모든 것을 만나게 되는데, 몸은 우리가 가진 가장 확실한 역사로서, 정신이 의식적으로 그 무게를 감당할 수 없어서 억압하거나 관계를 끊은 감정, 기억 등을 감당한다.

우리 몸은 지문만큼 우리를 고유하게 표현하는 움직임 특징을 가지고 있어 내면과 외부 세계 사이의 매개로 작용한다. 유전적인 것뿐 아니라, 가족관계 및 사회 속에서의 다양한 타협과 선택을 거친 우리의 경험이 몸에 형상화된다. 몸은 개인적일 뿐 아니라, 다양한 문화에 걸쳐 보편적인 성격도 갖게 된다. 이렇듯 우리의 사고와 감정을 담고 있는 몸은 더욱 깊은 역사적 뿌리를 담고 있으므로 더 많이 연구해야 할 가치가 있는 것이다.

또한 신체 심리치료와 무용동작 심리치료는 경험자의 현상학적 체험과 반응을 드러낼 수 있는 유기체적인 매개 수단으로 신체를 사용한다. 신체에 대한 이해와 공감적 반영을 통해 현재적 자각에 대한 존재 방식으로 '지금여기', 현재 몸에서 일어나는 순간의 현상들을 방어하거나 피하지 않고 온전히 경험하게 하는 것이다. 신체와 정신, 환경이 상호 통합적이고 유기체적인 존재라는 것을 알아차려 온전하게 이해하고 받아들이며, 우리의 시야를 확장하여 새롭고 창의적인 삶을 살도록 도와준다.

신체 심리치료와 무용동작 심리치료는 신체 증상을 완화시키고 몸과 마음이 통합되는 건강한 관계를 형성하게 하여, 문제 해결 방식을 스스로 통찰하고 변화시켜 살아가는 방법을 찾는 데 초점을 맞춘다. 나아가 긍정적 생각과 자존감을 향상시켜 내적 태도를 변화시킬 수 있게 도운다.

우리 몸의 에너지 시스템 — 무지개 신체

동양 의학적 측면에서 우리 몸의 에너지 시스템은 경락으로 설명될 수 있다. 우리의 몸에는 신경, 호르몬, 감정과 밀접히 연결된 경락의 흐름이 있는데, 경락의 위치는 몸의 신경 내분비 면역 시스템과 같아서 에너지와 몸을 연결한다. 각각의 경락은 신체 기관과 감정 상태에 긴밀하게 관련되어, 생각이나 느낌에 따라 강해질 수도 있고 약해질 수도 있다. 경락의 위치와 이름은 문화권마다 다른데, 여기에서는 일곱 경락을 무지개 색깔로 구별하거나 몸의 위치로 구별한다.

1. 에너지 시스템 1(빨강)

- 발, 땅과 연결, 세상과 연결, 가족 소속감, 동질감, 정서적 , 물리적 안정, 의식화, 자립
- 면역체계, 우울, 중독, 직장, 척추, 대퇴 관절과 연결
- 안정 및 소속감은 어린 시절과 연관(원형적인 상처와 관련, 어린 시절의 학대와 소외)

2. 에너지 시스템 2(주황)

- 골반, 자궁, 방광, 난소 등의 생식기관, 만성 요통, 좌골 신경통
- 정서적 죄의식, 책임감, 창조적, 물질적, 성적, 강박, 힘과 통제, 물리적, 두려움(인간관계의 신뢰감, 억압, 죄책감, 창조적인 영역)

3. 에너지 시스템 3(노랑)

- 담낭, 간, 췌장, 위, 소장, 신장, 비장, 위궤양, 십이지장궤양, 당뇨, 소화불량, 간/부신 기능 이상
- 신뢰, 두려움, 자존심, 자신감, 자기 존중, 자신과 타인 돌보기, 책임감, 비판에 대한 반응 자아, 개인의 명예, 인격 형성, 직관, 혼란

4. 에너지 시스템 4(초록)

- 심장, 심근경색, 심전도 이상, 유방, 허파, 늑골, 어깨 통증, 팔, 폐, 기관지, 갈비뼈, 가슴, 횡경막, 흉선, 천식, 흉추
- 정서적 사랑과 증오, 원한과 비통, 자신의 두려움, 슬픔과 분노, 자기 중심성, 외로움과 몰입, 용서와 연민, 희망과 신뢰
- 에너지 중심 체계, 몸과 영혼의 매개체, 정서적 발달(솔직하게 감정을 표현하는 능력, 진정한 인간관계, 균형감각, 사랑의 에너지)

5. 에너지 시스템 5(파랑)

- 목, 입, 이, 잇몸, 갑상선, 기도, 경추, 식도, 뻐근한 목, 만성적 인후통, 하악골 관절, 척추만곡, 후두염, 내분비선
- 의지의 힘, 믿음, 감성과 정신에너지, 정서적 문제, 선택과 시련, 개인적 표현, 꿈의 성취, 창조적 힘, 탐닉, 판결과 비판, 신뢰와 지식, 결정 능력(커뮤니케이션, 기회 포착, 의지력과 관계)

6. 에너지 시스템 6(푸른 인디고)

- 눈, 시력, 양미간, 귀, 청각, 코, 신경 체계, 뇌종양, 뇌출혈, 뇌졸중, 신경교란, 척추 이상, 중풍

- 감정의 성숙도, 지혜, 통찰력, 거짓된 진실, 회복의 자리, 정서적 자기평가, 진실, 지적 능력, 균형감각, 개방성, 경험하는 능력

7. 에너지 시스템 7(보라)

- 정수리 부분, 두개골 체계
- 지혜, 우주, 영성, 삶에 대한 신뢰, 생명력, 헌신, 영적 감성, 영혼의 어두운 밤 (삶의 원대한 목표, 신앙, 가치관, 양심, 용기, 휴머니즘과 관계, 도덕과 양심, 우주관)

2장

신체와 감정 — 몸의 메시지를 통한 진단

신체 형상과 감정의 연결

정신과 마음, 신체적 통합의 진실을 알아간다는 것은 내적 태도, 신체 표현과 생각, 연속적인 감정과 느낌을 일으키는 내부 이미지와의 접촉을 의미한다. 자신의 신체 · 정서의 내적 태도를 아는 것은 근 감각적, 감정적 감지뿐만 아니라, 삶의 보이지 않는 깊은 내면에 대한 이해도 포함되어 있다. 무언의 표정과 교감을 통한 항시적인 감정의 흐름이 존재하는 비언어적 의사소통에는 호흡, 시선, 목소리 톤, 표정, 동작, 자세, 긴장의 유형, 내면으로 느끼는 신체 표현과 소통의 리듬 등이 포함된다.

1. 신체 형상과 감정

개인의 감정적인 경험과 삶에서 생기는 충격들은 우리 신체에 드러난다. 신체의 현실은 신체의 형상과 감정적인 부분들을 결합한다.

한 사람에게 신체적 · 감정적 영향을 끼치는 방식으로 신체의 모습이 불러일으키는 자아상을 보고 어떤 모습의 형상이 지배적이었는지, 어떤 과정을 지냈는지를 생각하는 것은 복잡하다. 신체의 형상은 초기 가족으로부터 익혀진 접근, 거리, 유연성, 습관을 반영한다. 모욕과 쇼크, 스트레스, 고난은 세포에 각인된다. 또한, 신체 · 정서적으로 삶의 모든 연합된 일들에 대해 서로 다른 근육들과 내장 등의 신체에 고체 같은(경직되거나 융통성 없는), 혹은 액체 같은(부어있거나 의지가 약한) 상태들을 조직한다.

우리 몸은 나쁜 일에 대하여 자동으로 유연성을 잃는다. 신체의 인식과 맥박, 호흡 상태, 구조, 생각과 마음을 연결하는 것은 여러 가지 역할 사이에 상호 교류한다. 병든 형태, 바르지 못한 형태, 과장된 형태의 신체 모습들로 수반되었던 감정적 상태를 알 수 있고, 행동은 한정되게 된다.

DMP(Dance Movement Psychotherapy, 무용동작치료) 안에서 치료적 접근은 호흡 자각, 신체 지각 인식, 다시 자세를 취하는 것, 공간, 시간, 무게를 바꾸고, 춤의 리듬성으로 흐르게 하고, 이미지 표현 등은 개인적 차이들의 조건에서 바라보아야 한다. 붕괴한 사람에게 다시 자세를 취하게 한다 해도 그의 내부적 문제를 밝히지는 못할 것이기 때문이다.

2. 정서적 각성의 생리적 기초

공포감이나 분노 같은 강한 정서에 휩싸일 때, 우리는 수많은 신체적 변화를 느끼게 된다. 심장박동이나 호흡이 가빠진다든지, 목과 입이 마른다든지, 땀을 흘린다거나 근육이 뻣뻣해지는 것과 같은 변화를 느끼게 된다. 정서적 각성으로부터 생기는 생리적 변화는 신체가 위급한 상황에 대처할 수 있도록 하기 위한 자율신경계의 교감신경 작용에 의한 것이다. 교감신경은 주로 우리가 각성상태에서 느낄 수 있는 여러 가지 생리적 현상을 일으키게 하는 것인데, 유기체의 에너지 산출을 조정해 다음과 같은 생리적 변화를 일으킨다.

- 혈압과 심장박동의 증가
- 호흡의 빨라짐

- 동공의 확대
- 타액과 점액의 감소와 땀의 증가
- 혈당 수준의 증가
- 혈액 응고의 속도 증가
- 소화관 운동의 감소
- 피부의 털이 일어서고 소름이 끼치는 현상

이와는 반대로 정서적 각성상태가 가라앉을 때는 신체의 에너지를 보존시키는 역할을 하는 부교감계가 위에 언급한 생리적 변화와 반대되는 현상을 촉진함으로써 신체를 정상적인 상태로 되돌아가게 해 준다.

특정한 정서를 유발하는 자극에 대한 생리적 반응은 사람에 따라 차이가 있는데, 긴장감을 유발하게 하는 자극을 접했을 때 심장박동 수의 변화 또는 혈압의 변화로 자극에 반응할 수도 있다. 그러므로 인간 기본 정서의 생리적 기초는 자율신경계에 있다고 할 수 있다. 정서 상태가 생리작용과 면역력 등, 건강에 미치는 영향은 절대적이며, 감정의 의도적인 표현에도 자율신경이 반응한다.

많은 실험에서는 자신의 정서 관리를 잘하면 스트레스 관리는 물론, 그에 따른 생리적 반응의 향상과 면역력을 높일 수 있다는 것을 증명한다. 이는 스트레스에 의한 우울증, 불안장애, 공황장애, 불면증 등 여러 신경성과 몸에 나타나는 심인성 질환까지를 포함한다.

3. 콤플렉스와 감정의 본성

프로이트Sigmund Freud는 충동을 인간 동기의 원천으로 강조했지만, 융Carl Gustav Jung은 감정이 우위에 있다는 주장을 고수했다. 심리 장애와 관련한 심리적 변화를 측정하기 위한 융의 단어 연상연구는 프로이트의 억압 기제 개념과 자신의 정서적 콤플렉스 개념 양편을 확증해 주었다. 인격의 본질적 토대는 정서성이고, 사고와 행동은 정서성의 징후에 불과하다고 주장하며, 감정이 인간의 가장 골치 아픈 콤플렉스들의 핵심일 뿐만 아니라 고차원적 기능의 근원이기도 하다는 것이다.

어린 시절 감정적 기조를 띤 콤플렉스의 발달을 부모의 감정적 삶에 연결 지을 수 있다. 부모에 의한 위기적 정서의 표현과 자식에게 이런 감정을 유발하는 행동의 빈도와 강도, 그리고 부모 자식 양쪽의 정서적 조정 능력도 이런 콤플렉스들의 정서적 구조를 조건 짓는 요인이 되는 것이다. 즉 부모의 문제 행동 유형 네 가지(무시, 무관심, 간섭과 방해, 거부) 역시 위기적 정서들(슬픔, 공포, 분노, 증오, 수치)과 대응 관계에 있다.

4. 신체 · 정서의 생리적 반응

1) 긴장, 혐오

가슴 부위는 팽창하고 복부는 압박을 받으며, 창자가 조이고, 감각기관은 집중한다. 맥박이 증가하며 복부와 골반의 근육은 압력을 높이고 팔, 다리 근육은 수축하게 된다.

2) 증오, 공포

신체는 혼동을 일으키며 앞을 볼지, 돌아갈지, 꺼질지 알 수 없다. 내장의 압력으로부터 머리로 옮아가고 방어 상태가 자동으로 온다. 머리와 가슴의 공간은 팽창하고, 복부의 기관은 감소한 운동성과 혈류로 압력을 받으며, 골반과 다리는 긴장한다. 흥분은 더 빨라지고, 기관은 축소하고 굳어진다. 자제력과 조절의 영향력을 잃고, 상황에 머물러 있으나 분열되기 시작한다.

3) 긴장과 경련

신체는 움직일 수 없고 아무것도 할 수 없으며, 굳어지며 무기력이 발생한다. 숨을 들이쉴 때 가슴이 막히고, 움직일 수 없다.

4) 좌절, 체념

복부 기관들은 식도와 소화 기관들이 경련을 일으키는 동안 무기력해진다. 피로가 몰려오고 다리에 힘이 빠지면서 쓰러질 것 같다. 머리, 등, 식도, 위장이 무력해지고 포기, 실망, 무관심, 실패 등의 느낌이 일어난다.

5) 공포, 놀람

극도로 충격을 받았을 때 일어나는 이런 증상이 아동의 경우는 종종 수축과 신체가 쪼개지는 분열 증상을 보인다. 머리, 가슴, 입, 복부는 좁아지고 행동은 굳으며, 수족은 경련을 일으키고 호흡은 내뱉는 상태에서 정지된다.

몸 정서 DMP에서 감정 다루기

1. 원형적 정서와 핵심 감정

인간의 원형적인 정서는 기쁨, 흥미, 슬픔, 공포, 분노, 혐오, 놀람이다.

삶을 강화하는 정서는 기쁨(친밀함)과 흥미(새로움)이고, 위기와 생존의 정서는 슬픔(상실), 공포(미지), 분노(자율성의 제한), 혐오이며, 중심 및 방향 전환의 정서는 놀라움(돌연)이다.

정서는 전염성을 띠는데, 강력한 이미지들은 시각적인 것에 머물지 않으며, 감각 전체를 통해 체험 또는 상상되는 것에 가까우므로, 하나의 이미지인 동시에 원초적 체험이다.

공허의 체험은 상실, 슬픔, 고통의 와중에서 몸에 느껴지는 실제적인 텅 빈 듯한 느낌을 반영한 것이다. 심연의 가장자리에 서거나 바닥이 발밑에서 꺼져버리는 것 같은 공포에 휩싸일 때의 숨이 막히는 느낌의 반영이다.

우리의 무의식 안에 있는 내면의 핵심 감정은 감추고 싶은 감정이 특정 대상의 감정 유발 요인을 만났을 때 일어난다. 핵심 감정이 내적으로 너무 강하면, 폭발될까 두려워 억압하게 될 수 있고, 이에 따라 안에서 너무 많은 에너지를 소진하게 된다. 그러므로 자기의 핵심 감정을 알아차리고 잘 다룰 수 있다면, 이를 객관화하고 감정을 전환할 수 있는 내적 힘이 생기고, 이 힘을 자신을 성장시키는 좋은 자원으로 잘 쓸 수 있게 된다.

- 분노: 타인과 상황을 통제하려는 의도, 상대에게 복수하려는 의도, 자신의 권리를 보호하려는 의도의 갈등 해결
- 슬픔(우울): 부정적 사고를 습관적으로 하거나, 스스로 기대치가 높은 사람, 타인에게 인정받으려는 욕구가 높은 경우
- 죄책감: 후회와 자책으로 원치 않는 감정을 느끼고 괴로워하는, 본인에게 벌을 주어 심리적 자유를 얻으려는, 의무를 하고 싶지 않은, 분노를 감추려는, 타인에게 자신의 선의를 보여주고 싶은 감정
- 공포, 불안: 두려운 상황에 대한 과장된 감정으로 일상을 방해하고 고통을 유발, 불안은 자신의 내부에서 시작되므로 불안하다는 사실을 인정하고 지금 여기에 있기

2. DMP를 통한 감정 다루기

1) 감정과 욕구 자각

- 발바닥과 아랫배(단전)에 의식을 두고 들숨과 날숨에 집중하여 숨을 깊고 천천히 쉬며 몸의 각 부분을 차례로 이완한다.
- 지금의 감정 상태가 어떤지 알아차리고, 몸에서 느껴지는 상태를 알아차린다.
- 습관적인 감정과 욕구를 소리나 느껴지는 몸으로 표현해 본다.
- 표현된 소리나 움직임을 시간적, 공간적으로 방향을 바꾼다.

2) 내면의 핵심 감정

- 초기 기억의 탐구 — 어린 시절의 자기 정서, 부정적 감정
- 양극(위아래, 안과 밖, 갈등의 양방향, 열림과 닫힘 등의 생각 감정)을 만나기
- 몸을 통한 감정의 표현, 공감, 수용, 소통

3) 몸으로 의식하기 — 투명한 신념의 재구조화

- 신체 언어 — 긴장, 호흡곤란, 거친 호흡, 두통, 경련, 주먹 쥐기, 긴장, 얼굴 표정 등.
- 호흡: 긴장 이완, 순차적 근육 이완
- 자각: 감정과 욕구, 생각을 인식(불안, 분노, 자책할 때의 모습, 소리, 언어, 표현하기)
- 상황에 대한 몸의 반응표현
- 결과에 대해 다르게 반응표현
- 유머 감각 몸의 표현
- 소통과 공감의 표현 능력
- 리듬적 움직임

신체의 메시지를 통한 진단

1. 신체 메시지

무용동작치료[DMP]는 치료의 도구로써 움직임을 사용하며, 몸 움직임의 메시지에 집중하는 것이 중요하다. 그 실제를 위해, 우리는 몇 가지 진단을 해야 한다.

- 호흡은 어떻게 하고 있으며, 그 의미는 무엇인가?
- 신체의 긴장도와 폐쇄된 부분은 어디인가?
- 신체의 정열과 움직임의 방식은 어떠한가?
- 신체의 자각과 협응력은 어떠한가?
- 공간과 시간, 무게의 사용은 어떠한가?
- 상호작용의 측면에서 그 의미는 무엇인가?

무용동작치료는 몸과 마음 정신의 모든 체계가 상호 연관되어 있음에 기초하고 있다. 인간은 몸의 존재이며, 몸은 감정을 담고 있고, 감정은 호흡과 관계가 있다. 대부분 사람은 얕은 호흡을 하거나 스트레스 상황에서 호흡을 멈추는 것과 같은 빈약하고 불충분한 호흡을 하여 불안, 과민반응, 긴장 등을 초래한다. 많은 사람이 이처럼 호흡을 깊고 편안하게 하는 것을 어려워하는 이유는 호흡이 감정과 연관되어 있기 때문이다.

사람들은 슬픔, 화, 두려움 등의 감정을 느끼는 것을 두려워한다. 어렸을 때 울음을 멈추기 위해 호흡을 참았고, 화를 참기 위해 어깨를 움츠리고 가슴을 바짝 죄었으며, 소리를 지르지 않기 위해 목구멍을 수축시켰다.

감정 억압을 포함한 이러한 행동들은 결과적으로 호흡을 제한하고 감소시킨다. 그리고 어른이 되어서는 습관적으로 감정을 호흡에 붙들어 두기 때문에, 이러한 호흡 제한은 정서적 건강을 회복하는 데 있어서 주요한 장애가 되고 있다. 우리의 움직임은 유전 생물학과 생리학, 문화, 가족 내에서의 학습, 삶의 경험, 그리고 이런 것들을 통합시키기 위해 우리가 전개할 방법에 기초하고 있다.

우리는 시각적, 청각적, 촉각적, 미각적 감각 입력체계를 가지고 있으며, 이것들은 각기 다른 자각 수준으로 기억된다. 우리의 사고는 의식적인 수준부터 깊은 무의식의 수준까지 범위가 넓다. 사고의 전 의식적 수준에서, 우리는 정서적 상태와 감각 이미지를 통해 조각들을 새로운 집합체로 이끌 수 있다.

무용동작치료 과정에서 자발적 이미지 흐름의 사용은 내면의 상상력을 형성해 주며, 은유와 창조적 과정을 통해 표현하게 해준다.

2. 무용동작치료사의 지식과 역할, 기술

무용동작치료사의 지식과 역할, 기술을 통해, 선택된 변화를 이끄는 창조적인 방법으로 내담자들이 그들 자신을 정의 내리고 표현할 수 있게 해주며, 갈등과 희망 등을 표현하고 이를 극복하거나 다시 세울 수 있게 돕는다.

1) 구조

치료사는 세션 내에서 안전한 구조를 형성해주어야 하는데, 신체적 심리적 안전에 대한 느낌, 방향, 연속성을 공간 안에서 내어주며, 무엇이 일어날지에 대한 규준을 형성시켜준다.

2) 안전

세션 안에서 안전의 보장은 중요한데, 개인의 탐색이 수용될 수 있으며, 이해될 수 있는 기회가 있고, 파괴, 수치 또는 당황스러움이 안전하게 보호될 수 있어야 한다.

3) 지지

치료사의 지지는 과거에 보았던 두려운 부분과 감추고 삭제된 부분이 나오는 위험한 순간을 새로이 탐색하게 해준다.

4) 상호작용

치료사와 내담자 간의 관계는 신뢰하는 상호작용 모델로 상호존중을 위해 공감하고 이해하여 결정을 내릴 수 있는 역할모델로, 그리고 의존 관계에서 수평 관계로 이끌 수 있어야 한다.

5) 역량 강화

세션 내의 역동 및 긴장 파악, 의사소통, 확장하기 위한 주제, 질문, 초점, 욕구, 평가도구, 계획 전략, 기법 사용, 결정, 시도, 반응, 평가, 연결하기, 목소리 톤 등을 포함한다.

치료사의 지식과 역할, 기술은 타인들과 조화롭게 조율되기 위해 움직임 감각 회복 가능성과 감정을 경험해야 한다. 무엇이 우리를 편안하게 하는가? 두려워하는 것은 무엇인가? 어떻게 하는 것이 우리를 가장 자연스럽게 움직이게 하는가? 어떻게 하면 타인과 함께 움직임에 적응해 나갈 수 있는가? 어떻게 하면 근감각적 공감 능력을 개발할 수 있는가? 등에 유념하고 답을 찾아야 한다.

3. 자신과 타인의 동작 관찰

움직임에 대해서 우리가 보는 것이 무엇이고, 우리가 본 것을 어떻게 객관적이고 유용하게끔 기술할 것인지에 대해 몇 가지 규칙을 가지고 있는 것이 중요하다. 우리가 보는 동작과 그것의 중요성에 관한 많은 연구가 있다(3장, 7장 '동작관찰 평가' 참고).

또한, 자신의 동작을 이해하는 것 외에, 우리가 선호하는 것이 무엇이고, 피하는 것이 무엇인지를 이해하는 것도 중요하다. 우리가 움직이지 않으려 하는 영역은 수많은 변인과 연관되어 있을지 모른다. 그러나 이런 것들이 우리에게 어떤 의미가 있는지를 탐색해보는 것이 중요하다. 타인과의 작업에서, 우리가 할 수 있는 한 최대로 그들의 움직임에 적응할 필요가 있다.

신체 자아와 연관된 영역

1. 신체 이미지, 호흡과 긴장, 폐쇄된 영역, 에너지, 접촉, 자세, 몸짓

몸은 우리 삶의 경로를 안내하는 지도와 같다. 몸의 영역에 들어가면 자신의 역사와 거기에 존재할 수 있는 모든 것을 만나게 된다. 몸은 우리가 가진 가장 확실한 역사로서, 정신이 의식적으로 그 무게를 감당할 수 없어서 억압하거나 관계를 끊은 감정, 기억, 부담을 감당한다.

지문만큼 고유의 움직임 사인이 있는 우리 몸은 내면과 외부 세계 간의 매개로 작용한다. 우리의 경험이 체화될 경우 인류 전체와 연결되는데, 이는 몸이 개인적일 뿐 아니라 교차-문화적이고 보편적이기 때문이다. 몸은 보다 깊은 역사적 기억을 담고 있는 오래된 언어이다.

자아의 기능에 대한 이해와 그것이 어떻게 제공되는지에 따라, 우리는 정신증을 가진 사람이 이런 기능들을 왜 건강한 방식으로 발달시키지 못하는지, 그것이 어떠한 영향을 주는지를 좀 더 잘 이해할 수 있게 된다.

근본적인 문제는 애착의 실패로 나타난 매우 초기의 발달적 장애에 있다. 방어는 매우 원시적이고 자기의 개념은 모호하며, 분리와 상실에 대해 큰 불안이 있을 수 있다.

2. 신체 자아

신체 부위	내용
머리	뇌의 영역으로 지적, 의지적, 정신적
얼굴	사회적 연결과 감정 반응 표현
목	에너지의 이동 또는 차단
등	척추를 중심으로 자존감, 자부심, 용기, 자아와 삶의 자세
어깨	책임감, 자존심
가슴	내향적/외향적
횡격막	호흡(들숨과 날숨) 조절, 허용, 억제
팔과 손	삶과 접촉(잡고, 안고, 나르고)
팔꿈치	세상에 저항하거나 세상을 받아들임
허리	에너지의 이동 또는 차단
천골, 엉덩이	중력 축의 중심, 생명력의 중심, 에너지의 통행, 성적 이미지
다리	이동과 안정, 자세 유지, 발과 연결
허벅지	행동에 필요한 힘을 제공함, 독립성 결정
무릎	행동에 필요한 유연성을 제공하며, 감정적 저항과 유연성
발목	체중을 들어 올리며, 노력
발	땅과 연결, 안전을 제공하고, 움직임의 자유를 제공
발꿈치	상승과 착지 사이의 연결 관계

3장
신체 중심 관찰

신체 중심 기본적 동작 관찰

1. 호흡

- 얕음
- 긴장됨
- 깊은 호흡을 할 수 있는 능력

2. 신체 자세

- 축 처진/과장되게 곧추선
- 뒤로 당겨진/앞으로 내민
- 과장되게 크게/움츠러든 자세
- 신체 긴장/신체에 대한 인식 없음
- 신체의 각 부분의 제한된 사용

- 빈약한 경계 인식
- 신체 조직화의 부족

3. 신체 자각과 사용

- 움직임에 대한 계획: 수직, 수평, 화살 모양
- 신체에서의 정서의 인식
- 적절한 감정을 표현하는 능력
- 운동 순서의 어려움/리듬에 대한 어려움/협응력
- 이동기술의 어려움/모방 동작의 어려움

4. 공간 사용, 공간에 대한 인식

- 가까운 공간의 사용/중간 공간의 사용/먼 공간의 사용
- 공간의 직접적 사용/간접적 사용
- 방향성의 어려움/경계 침해

5. 시간의 사용

- 빠르게/느리게/머물기/시간 초월/점점 빠르게/점점 느리게
- 과거, 현재, 미래

6. 상호작용

- 눈 접촉을 할 수 있는 능력/공유 동작의 어려움/접촉의 불편감
- 고립성/신뢰의 부족/자발적인 능력/표현적인 능력/리더십 기술
- 감각 인식/책임감/변화에 대한 동기유발

치료적 개입은 역기능과 관련된 발달적 영역을 강조하며, 무게, 공간, 시간, 균형, 접촉, 흐름, 호흡과 관련된 것으로서 움직임을 사용한다. 개인의 건강한 부분들과 강점을 발견하고 증진하는 것이 중요하다.

언어 이전 유아의 정신 내적 현상

1. 유아의 움직이는 신체를 관찰

신체 전체의 운동적, 근육 감각적, 몸짓, 정서, 행동의 관찰은 정신 내적 사건들에 대해 중요한 실마리를 준다.

- 아동의 내부에서 무엇이 일어나는지 추론, 즉 운동 현상은 정신 내적 사건들과 상호 관련된다(첫 1년).
- 운동적, 근육 감각적 통로는 유아가 사용할 수 있는 주요한 표현적, 방어적, 배출적 통로이다. 그것은 내부적 상태의 최종산물이므로 내부상태를 추론할 수 있다.
- 의사소통의 과제는 흉내, 운동, 몸짓의 영역
- 유아와 엄마 접근의 전진과 후퇴, 다가오고 멀어지는, 빈도, 크기, 시간, 강도, 신체 · 정서는 나중의 언어적 의사소통에서 만나게 되는 현상들에 대한 실마리를 제공

2. 분리의 관찰 — 모성 돌봄과 개인 특성

치료실에 도착한 엄마와 아이를 관찰한다.

- 엄마가 아이를 이동시킬 때(그녀 일부처럼, 생명 없는 물체처럼, 타인처럼)

- 엄마가 아이의 옷을 벗길 때 아이의 반응은 어떠한가?
- 방에서 물리적, 정서적 분리를 어떻게 하는가?
- 엄마의 반응은 아이의 욕구에 적절한가?
- 엄마는 아이와 떨어져 있어도 무슨 일이 일어나는지 아는가?
- 엄마는 아이를 충분히 안아주는가?
- 점진적인 놀이 과정의 전이를 허용하는가?

3. 마가렛 말러의 분리 개별화 과정

마가렛 말러Margaret Mahler는 아동이 어머니로부터 심리적으로 독립하여 진정한 개인으로 태어나는 심리적 탄생psychological birth을 '분리개별화 과정separationindividuation process'이라고 지칭하며 여러 단계로 나누어 자세하게 설명하고 있다(Mahler et al., 1975).

1) 정상적 자폐 단계(normal autistic phase)

신생아는 생후 몇 주 동안 외부현실을 인식하지 못하는 자폐적 상태에서 많은 시간을 수면으로 보낸다.

2) 정상적 공생 단계(normal symbiotic phase)

생후 3~4주가 되면 유아는 외부환경에 민감해지면서 어머니의 존재를 희미하게 인식하기 시작하지만, 마치 어머니와 하나의 존재인 것처럼 느끼는 공생적 의식상태를 지닌다.

3) 분리개별화 단계(separation-individuation phase)

유아는 자신과 어머니의 차이를 알아차리는 분리 과정을 통해서 자아와 정체감을 발달시키는 개별화 과정으로 이행하게 된다.

말러는 이러한 분리개별화 단계를 하위단계로 나누어 설명하고 있다.

(1) 부화(hatching) 단계

생후 몇 개월 사이에 유아는 지속해서 깨어 있는 각성상태를 유지하며, 마치 알에서 부화하듯이 자신이 어머니와 다른 별개의 존재임을 희미하게 인식하기 시작한다.

(2) 연습(practicing) 단계

생후 9~16개월 사이에 유아는 자신의 신체에 대한 자기애적 관심이 증가하는 동시에 자유롭게 기고 걷는 신체적 운동능력이 발달함에 따라 자신감과 전능감이 확대되면서 엄마에게서 떨어져 외부환경을 능동적으로 탐색하기 시작한다.

그러나 이 단계에서 유아는 자신이 엄마와 분리된 존재라는 명료한 의식을 지니지 못하며, 정서적 위안을 얻기 위해서 어머니에게 자주 돌아온다.

(3) 재접근(rapprochement) 단계

생후 15~24개월 사이에 아동은 전 단계에서의 자기애적인 전능감 상태와는 달리, 자신이 거대한 세계에 존재하는 매우 작은 존재라는 사실을 인식하면서 분리불안을 경험하며 다시 어머니와 가까이 있고 싶어 한다.

이 단계에서는 아동은 한편으로는 어머니에게 매달리고 싶고, 다른 한편으로는 어머니와 떨어져 독립적으로 외부환경을 탐색하고 싶은 심리적 갈등, 즉 재접근 위기를 겪게 되면서 불안정한 양면적 모습을 나타낼 수 있다.

(4) 대상 항상성(object constancy) 단계

이 단계에서 아동은 어머니가 자신과 다른 분리된 존재라는 것을 명료하게 인식하는 동시에 내면화 과정을 통해서 어머니의 심리적 표상을 마음속에 간직하게 된다. 즉 어머니와 물리적으로 떨어져 있어도 어머니의 표상은 항상 마음속에 존재하며 안정된 심리적 지지와 위안을 제공하게 된다.

분리개별화 과정을 통해서 유아는 어머니의 존재를 일관성 있는 통합된 심상으로 내면화함으로써 분리불안을 극복하고 독립된 개체로 탄생하는 동시에 안정된 자기타자 관계를 확립하게 된다. 그러나 이러한 분리개별화 과정에서 아동은 어머니와 매우 다양하고 복잡한 상호작용을 하게 된다. 어머니는 아동이 자신으로부터 분리하여 독립하려는 행동에 대해서 불안을 느끼며 과잉 보호적 또는 공격적 반응을 포함하여 매우 다양한 반응을 나타낼 수 있다.

아동은 이러한 과정에서 경험하는 어머니의 다양한 모습, 즉 좋은 모습과 나쁜 모습을 나름대로 통합하여 일관성 있는 내면적 표상으로 형성하는 것이 중요하다. 아동기의 분리개별화 과정을 통해서 어머니에 대한 긍정적인 통합된 표상을 공고하게 형성하지 못하면, 성인기에 안정된 정체감을 지니지 못한 채 낮은 자존감과 불안정한 대인관계를 경험하며 다양한 심리적 문제를 나타낼 수 있다.

몸 중심 내적 태도 관찰 척도

1. 몸을 어떻게 사용하는가?

1) 몸 자세와 몸짓

몸의 자세(Body Posture)						몸짓(Gesture)					
무너진	1	2	3	4	5	손	1	2	3	4	5
중립	1	2	3	4	5	머리	1	2	3	4	5
넓은	1	2	3	4	5	발	1	2	3	4	5
움츠러든	1	2	3	4	5	어깨	1	2	3	4	5

2) 신체 긴장도

눈 주변	1	2	3	4	5	입	1	2	3	4	5	턱	1	2	3	4	5
목	1	2	3	4	5	어깨	1	2	3	4	5	가슴	1	2	3	4	5
등	1	2	3	4	5	골반	1	2	3	4	5	몸통	1	2	3	4	5
다리	1	2	3	4	5	팔	1	2	3	4	5	손	1	2	3	4	5

3) 움직임이 발생하는 신체 범위

손	1	2	3	4	5	팔	1	2	3	4	5
발	1	2	3	4	5	머리	1	2	3	4	5
다리	1	2	3	4	5	몸통	1	2	3	4	5

4) 신체 에너지 수준

움직임을 통한 감정 표현력	1	2	3	4	5
내면적인 표현을 끌어내는	1	2	3	4	5

5) 움직임의 자발성

있음	1	2	3	4	5	없음

6) 타인과의 상호관계성

상호 간의 눈 맞춤 있음	1	2	3	4	5	없음
반응이 없는	1	2	3	4	5	반응적인
경계성이 없는	1	2	3	4	5	경계선이 있는

2. 공간적으로 어디로 움직이는가? — 환경과의 관계

1) 개인 공간(개인 공간에서 움직임이 제한된 범위)

작은	1	2	3	4	5	큰

특정적인 방향											
위	1	2	3	4	5	앞	1	2	3	4	5
중간	1	2	3	4	5	옆	1	2	3	4	5
아래	1	2	3	4	5	뒤	1	2	3	4	5

2) 공간 경로

하나의 평면을 사용한 움직임	1	2	3	4	5
곡선적인 두 개의 평면을 사용함	1	2	3	4	5
입체적 나선형적인	1	2	3	4	5

3. 내적 충동의 움직임 — 질적으로 어떻게 움직임을 행하는가?

(환경에 대한 내적태도와 내면의 충동성)

1) 질적인 에포트 요소의 흐름(감정과 관계적 움직임의 진행 과정)

움직임의 흐름이 통제적인 것에서 자유롭게 변화되는가?

통제적인	1	2	3	4	5	자유로운

움직임의 흐름이 자유로운 것에서 통제적으로 변화되는가?

자유로운	1	2	3	4	5	통제적인

2) 질적인 에포트 요소

공간					
직접적인(직선적인, 초점을 잃지 않는)	1	2	3	4	5
간접적인(나선형, 유연한)	1	2	3	4	5

시간					
느려지는, 머무는	1	2	3	4	5
빨라지는, 갑작스러운, 순간적인	1	2	3	4	5

무게					
강한, 힘찬, 격렬한	1	2	3	4	5
가벼운, 무게감이 없는, 떠 있는	1	2	3	4	5

4. 형태적인 흐름 — 어떻게 환경과 관계를 맺는가?

1) 몸의 형태 흐름(몸의 내부에 집중으로부터 일어나는 움직임)

자아 지향적 형태 흐름 — 밖에서 안으로	1	2	3	4	5
환경 지향적 형태 볼륨 — 안에서 밖으로	1	2	3	4	5
방향 지향적 형태: 원호 같은	1	2	3	4	5
직선 같은	1	2	3	4	5

2) 몸 형태 흐름의 볼륨

늘어나는	1	2	3	4	5	상승하는
짧아지는	1	2	3	4	5	내려가는
넓어지는	1	2	3	4	5	펼치는, 확장하는
좁아지는	1	2	3	4	5	감싸는
나아가는	1	2	3	4	5	앞을 향해 움직이는
후퇴하는	1	2	3	4	5	물러나는

4장

4C DMP — 6차원(6 Dimensions) 감정 스타일

서언

정신의학은 신체 정신의학이다. 신체정신 연결 무용동작치료[DMP]는 세상을 보는 관점을 변화시킨다.

6차원(6 Dimensions) 감정 스타일은 신경 의학자 리처드 데이비슨Richard J. Davidson과 샤론 베글리Sharon Begley의 연구에서 출발한 것으로, 우리 각자를 규정 짓는 감정적 특징과 기저에 깔린 뇌 활동의 패턴이 다르다는 것에 바탕을 두고 있다.

이 장에서는 삶에서 일어나는 고난, 고통, 불안, 두려움에서 우리는 어떻게 반응하고 관계 맺고 견디고 발전시키고 스스로를 돌볼 수 있는지에 대한 반응 변화를 6차원의 감정 스타일로 이해하는 한편, 4C(Creative, Communication, Collaboration, Critic thinking) DMP 연결을 통해 사회적 정서적 관계, 새로운 경험의 수용과 회복, 그리고 그 경험에 대한 내적 욕구와 갈등 문제 해결의 접근을 모색하고자 한다.

감정 스타일

감정 스타일은 사건에 대한 감정적인 반응과 대응 방식의 조합으로, 강도나 지속시간 등 고유의 감정 프로필이 우리를 구성하며, 이를 통해 사건에 어떻게 반응할지 예측도 가능할 수 있다. 감정 스타일은 모든 뇌 기능의 연결 회로 신경 화학물질의 결과물이자 유전과 초기 경험에 의해 정해진 뇌 회로의 결과물이지만, '뇌 가소성'은 새로운 경험과 생각, 의도적 노력으로 뇌의 구조와 성질을 바꿀 수 있다고 본다. 인간의 이해는 감정의 이해로 감정연구의 초점으로 뇌를 바라보아야 한다. DMP는 뇌 활동의 패턴과 구조를 변화시켜 감정 스타일을 변화시키고 통합을 돕는다.

6차원(6 Dimensions) 감정 스타일 평가 · 측정

1. 자기 인식

타인의 불안과 두려움, 고통을 관찰하여 자신의 신체 감정을 읽는다(심장박동, 몸의 반응, 혈압 등을 감지, 자기 인식 수준이 높은지, 또는 자기중심적인지).

2. 사회적 직관

타인의 신체 언어, 발성 억양, 표정을 민감하게 읽어내어 사회 정서적 신호를 이해하고 공감한다.

3. 관점의 차원

삶을 바라보는 감정의 내구성으로, 긍정적이고 낙관적인지, 냉소주의나 염세론자인지 등을 살핀다.

4. 주의 차원

감정의 산만함을 걸러내고 집중을 유지하는지, 불안정하고 불안의 신경에서 다시 집중할 수 있는지를 평가한다.

5. 맥락적 차원에 대한 민감도

상황에 맞지 않는 부적절한 말과 행동은 없는지를 평가한다.

6. 회복 탄력성

분노, 슬픔, 상실, 좌절 등의 감정을 떨쳐내고 회복할 수 있는지를 평가 · 측정한다.

감정 차원 평가

▌자기 내부 신호의 민감도▐

8점 이상은 자기 인식 수준이 높음 / 3점 이하는 자기중심적

문장	Y/N
1. 종종 누군가가 화나 보인다거나 슬퍼 보인다고 하면, 나는 아니라고 대답한다.	
2. 나와 가장 가까운 사람들이 내가 왜 누군가를 퉁명스럽게, 혹은 비열하게 대했느냐고 물을 때, 나는 종종 내가 그런 짓을 했다는 것에 동의하지 않는다.	
3. 나는 한 달에 두세 번 이상 원인을 알 수 없이 심장이 뛰거나 맥이 뛰는 것을 느낀다.	
4. 고통 속에 있는 사람을 관찰하며 감정적으로나 육체적으로 그 고통을 같이 느낀다.	
5. 나는 보통 내 감정을 충분히 말로 표현할 수 있다.	
6. 나는 가끔 아픔과 고통이 어디서 왔는지 전혀 알 수 없다.	
7. 나는 내 안에서 무슨 일이 일어나고 있는지 느끼면서 조용하고 느긋하게 시간 보내는 것을 좋아한다.	
8. 나는 내 몸에 매우 많이 집중하며 내 몸이 편안하다고 믿는다.	
9. 나는 외부 세계를 강하게 지향하고 있으며, 내 몸에서 일어나고 있는 일들을 거의 주목하지 않는다.	
10. 운동을 할 때, 내 몸에서 일어나는 변화에 매우 민감하다.	

※ 1, 2, 3, 6, 9 → 아니요 4, 5, 7, 8, 10 → 예

▌사회적 직관 능력 차원▐

8점 이상은 사회적 직관이 높음 / 3점 이하는 사회적 직관이 낮음

문장	Y/N
1. 사람들과 이야기할 때, 나는 종종 그들의 감정에 대한 미묘한 사회적 비언어적 단서들을 빨리 알아차리고, 그들이 스스로 그러한 감정을 인정하기 전에 미리 알아차린다.	
2. 나는 종종 표정과 신체 언어에 주목하는 나 자신을 발견한다.	
3. 나는 타인과의 통화나 대화를 통해 얻을 수 있는 정보가 없기 때문에 별로 중요하지 않다고 생각한다.	
4. 나는 다른 사람들의 진정한 감정에 대해 그들 자신보다 더 많이 알고 있는 것 같은 느낌이 들 때가 많다.	
5. 나는 종종 내가 말하는 것에 상대방이 화낼 때 깜짝 놀란다. 내가 생각하기에는 뚜렷한 이유가 없기 때문이다.	
6. 모임에서, 나는 상대의 얼굴을 볼 필요가 없기 때문에 상대의 옆에 앉는 것을 더 좋아한다.	
7. 나는 종종 다른 사람의 불편함이나 괴로움에 대해 이전의 격렬한 논의보다는 직관적인 느낌에 근거하여 대응하는 나 자신을 발견하곤 한다.	
8. 남는 시간에 공공장소에 있을 때는 주위 사람들을 관찰하는 것을 좋아한다.	
9. 누군가 대화 중에 내 눈을 똑바로 쳐다볼 때 불편함을 느낀다.	
10. 상대를 바라보는 것만으로 무엇이 상대를 괴롭히는지 알 수 있다.	

※ 3, 5, 6, 9 → 아니요 1, 2, 4, 7, 8, 10 → 예

▌긍정적 관점 유지▐

7점 이상은 긍정적 타입 / 3점 이하는 부정적 타입

문장	Y/N
1. 새로운 사람들을 만나기 위해 초대받았을 때, 나는 그들이 내 친구가 될 수도 있고, 한편으로 그들이 알만한 가치가 없으리라는 것을 깨닫는 것이 기대된다.	
2. 직장동료 평가 시, 전반적인 실적 호조보다는 어느 분야를 개선해야 하는지에 대한 세부 사항에 초점을 맞춘다.	
3. 앞으로 10년은 지난 10년보다 나에게 더 좋을 것이라고 믿는다.	
4. 새로운 도시로 이사 가야 하는 상황이 닥쳤을 때, 미지의 세계로 들어가는 무서운 단계라는 느낌을 가진다.	
5. 아침에 나에게 작지만 예기치 못한 긍정적인 일이 일어날 때, 예를 들어 낯선 사람과 좋은 대화를 나누는 것, 긍정적인 기분은 몇 분 안에 사라진다.	
6. 파티에 가서 처음에 좋은 시간을 보내고 있을 때 긍정적인 느낌은 저녁 내내 지속되는 경향이 있다.	
7. 화려한 일몰과 같은 아름다운 광경은 금방 닳아 없어지고 쉽게 지루해진다는 것을 알게 된다.	
8. 아침에 일어나면 내가 계획했던 즐거운 활동을 떠올릴 수 있고, 그 생각이 나를 하루 종일 지속되는 좋은 기분으로 만든다.	
9. 박물관에 가거나 콘서트에 가면 처음 몇 분 동안은 정말 즐겁지만, 오래가지 못한다.	
10. 바쁜 날에도 피곤하지 않고 계속 한 이벤트에서 다음 이벤트로 갈 수 있다는 것을 자주 느낀다.	

※ 2, 4, 5, 7, 9 → 아니요 1, 3, 6, 8, 10 → 예

▌주의 집중력▐

안정된 내면을 유지하는 것은 감정 스타일의 한 단면이며, 차분하게 초점을 맞추고 산만함에 저항할 수 있도록 하는 나침반이다. 우리의 신체에서 오는 신호에 주의하고, 감정 생활의 다른 측면에 대한 정서적 산만함을 차단할 수 있다.

3점 이하는 집중력이 낮음 / 8점 이상은 집중력이 높음

문장	Y/N
1. 나는 시끄러운 환경에서 집중할 수 있다.	
2. 많은 일이 일어나고 있는 상황에서, 예를 들어 사람이 많은 공항에서 파티처럼 감각 자극이 심할 때, 나는 내가 보는 어떤 특정한 것에 대한 일련의 생각 속에서 길을 잃지 않을 수 있다.	
3. 특정 업무에 주의 집중해야 할 때, 대부분 집중하여 업무를 할 수 있다.	
4. 집에서 일을 할 때, 텔레비전이나 다른 사람의 소음이 나를 매우 산만하게 만든다.	
5. 내가 잠시라도 조용히 앉아 있으면, 수많은 생각들이 밀려들고, 종종 각각의 생각이 어떻게 시작되었는지도 모른 채 여러 가지 생각이 꼬리에 꼬리를 물고 있는 것을 발견하게 된다.	
6. 만약 내가 어떤 예기치 못한 사건에 정신이 팔렸을 때, 무엇을 하고 있었는지를 떠올려 다시 주의를 집중할 수 있다.	
7. 기차나 버스에 앉아 있거나 상점에서 줄을 서서 기다리는 등 비교적 조용한 곳에서도 주변의 많은 것들을 알아차린다.	
8. 중요한 프로젝트나 집중적인 관심을 쏟아야 하는 상황에서 나는 내가 찾을 수 있는 가장 조용한 곳에서 일하려고 노력한다.	
9. 나의 주의력은 환경의 자극이나 사건에 사로잡히는 경향이 있으며, 한번 이런 일이 일어나면 좀처럼 벗어날 수 없다.	
10. 복잡한 칵테일 파티나 좁은 사무실에서 환경에 관계없이 집중하여 다른 사람들과 대화할 수 있다.	

※ 4, 5, 8, 9 → 아니요 1, 2, 3, 6, 7, 10 → 예

▌맥락적 차원 민감도▐

많은 연구를 통해 외상 후 스트레스장애는 해마의 용량 축소와 관련이 있다는 사실이 밝혀졌다. 해마가 줄어들면 충격을 받았던 일이 발생한 맥락에 대한 기억을 형성하는 데 곤란을 겪게 된다. 전전두피질과 해마 사이의 연결 강도가 클수록 맥락에 민감하다.

8점 이상은 맥락 민감도 수준이 높음 / 3점 이하는 맥락 민감도가 낮음

문장	Y/N
1. 나는 다른 사람의 감정에 유별나게 민감하다는 말을 가까운 사람으로부터 들은 적이 있다.	
2. 나는 가끔 내가 사회적으로 예의에 어긋나는 행동을 했다는 말을 듣고 놀란 적이 있다.	
3. 친구나 직장 상사에게 너무 쾌활하거나 친하게 대해서 직장이나, 친구 사이에서 좌절을 겪은 적이 있다.	
4. 사람들과 이야기할 때, 상대방이 거리를 두기 위해 뒤로 이동한다.	
5. 나는 종종 내가 말하려던 것을 스스로 검열하는 것을 발견하곤 한다.	
6. 나는 내가 공공장소에서 얼마나 크게 말하고 있는지 알고 조절한다.	
7. 나는 공공장소에서 주변에 있을지도 모르는 사람들의 이름을 언급하지 않기 위해 자주 주변을 의식한다.	
8. 나는 수년 전에 가본 곳이라도 내가 가본 곳에 대해 거의 알고 있다.	
9. 나는 직장에서 너무 무심하게 행동하는 등 상황에 어울리지 않는 행동을 하는 사람을 알아챈다.	
10. 가까운 사람들로부터 낯선 사람과 새로운 상황에서 바르게 행동한다는 말을 들었다.	

※ 2, 3, 4, 7 → 아니요 1, 5, 6, 8, 9, 10 → 예

▌회복능력 시간▐

3점 이하는 회복 속도 빠름 / 7점 이상은 회복 속도 느림

문장	Y/N
1. 친한 친구나 배우자와 사소한 다툼(설거지, 속임 등)이 있을 때, 일반적으로 몇 시간 이상 언짢은 상태이다.	
2. 운전하다가 다른 차가 끼어들었을 때, 쉽게 떨치지 못하고 오랜 시간 씩씩댄다.	
3. 누군가의 죽음과 같은 큰 슬픔을 경험했을 때, 수개월 간 제 기능을 하지 못하고 회복하지 못한다.	
4. 직장에서 실수하여 문책당할 때, 그것을 떨쳐버리고 그 경험으로 인해 배우게 되었다고 생각할 수 있다.	
5. 새로운 식당을 찾아서 갔는데 음식이 끔찍하고 서비스가 나쁘면 저녁 내내 망친 기분이 든다.	
6. 교통사고로 인해 교통체증이 있을 때, 불만은 해소되지만 여전히 속은 들끓는다.	
7. 집에 온수가 고장 났을 때, 배관공에게 전화를 걸어 고칠 수 있다는 걸 알기에 내 기분에 큰 영향을 주지 않는다.	
8. 멋진 이성을 만나서 애프터 신청을 했는데 거절당했을 때, 한동안 기분이 좋지 않다.	
9. 나보다 자격 없는 사람이 전문가가 되거나 승진하게 되었을 때, 그 상황을 빠르게 떨쳐버릴 수 있다.	
10. 파티에서 내가 흥미 있는 낯선 사람과 대화를 할 때, 상대가 짜증을 내면, 나는 몇 시간에서 며칠을 그 상황에 대해 떠올린다.	

※ 2, 4, 7, 9 → 아니요 1, 3, 5, 6, 8, 10 → 예

감정 차원 측정

자기 내부 신호의 자각

1 2 3 4 5 6 7 8 9 10

불투명 — 자기 자각에 민감

사회적 직관

1 2 3 4 5 6 7 8 9 10

의아한 — 사회적 직관이 높다

사회적 관점

1 2 3 4 5 6 7 8 9 10

부정적 — 긍정적

집중력

1 2 3 4 5 6 7 8 9 10

분산 — 목적이 분명

맥락적 민감성

1 2 3 4 5 6 7 8 9 10

무관심 — 맥락을 맞춤

회복력

1 2 3 4 5 6 7 8 9 10

빠른 회복력 — 느린 회복력

자료: Richard J. Davidson & Sharon Begley (2013), Emotional life of your Brain.

6차원(6 Dimensions) 감정 스타일과 4C DMP

스티븐 포지스Stephen W. Porges는 정서장애에 대한 우리의 사회적 행동과 취약성은 많은 부분이 신경계에 '고정'되어 있다고 말한다(Porges, 2011).

미래는 인간의 4C(Creative, Communication, Collaboration, Critic thinking) 능력이 중요한 시대라고 본다.

4C 바탕 DMP는 사회적 정서적 관계, 새로운 경험의 수용과 회복, 그리고 그 경험에 대한 내적 욕구와 갈등 문제를 해결하는 데 초점을 맞춘다. 무용동작치료의 정서적 행동반응, 리듬 반응, 유도된 상상, 충동조절, 적절한 자기표현, 상호작용능력, 창의적 승화를 통해 문제 해결의 접근이 용이하다.

1. 4C DMP 접근

4C DMP는 신체를 통한 뇌 작용의 경험적 접근으로 신체적 심리적 기능 모두에 영향을 주는 개입으로 신체를 통해 뇌와 활발하게 관계를 맺는다.

1) 자기 내부 민감성 차원: 호흡과 신체 자각, 중추신경과 말초신경, 신체 경계, 신체 태도

호흡과 신체 정렬 움직임은 기능적으로 몸의 긴장을 없애고 안정적이고 균형적인 상태를 가져오게 한다. 척추와 꼬리뼈를 중심으로 자세를 이해하고 인지적으로 향상시킨다.

치료적 과정은 척추와 꼬리뼈의 해부학적 이해와 연결 감각 촉진, 감각 인식, 리듬적 동조화, 발바닥과 걸음의 연결, 팔과 턱의 바른 자세 움직임을 위해 사용되는 표준화된 감각 움직임을 패턴화한다.

개인의 정서적인 억압은 호흡을 방해하며, 이것이 호흡을 편안하게 할 수 있을 때까지 해소되지 않는데, 호흡은 감정과 연결되어 있기 때문이다.

두려움, 놀람, 분노 및 공포는 호흡에 영향을 준다. 중추신경은 흐느낌을 통제하는 가슴과 소리 지르는 것을 억제하는 목의 근육을 수축시킨다. 가슴은 두려움을 억제하기 위해 조이며, 횡격막이 고정되어, 감정을 억압한다. 생리학적으로 호흡은 심장에 영향을 미치고, 기능적으로 미주 신경과 심박수에 영향을 준다(아메바 호흡, 불가사리 호흡, 관절춤, 꼬리춤).

2) 사회적 민감성 차원: 타인을 읽기 — 호흡과 신체관찰, 미러링

거울 뉴런시스템은 공감, 사랑 그리고 인간적 상호작용의 신경 생리학적인 기반을 제공한다. 타인의 신체 언어, 발성 억양, 표정을 민감하게 읽어 사회적 정서적 신호를 이해하고 공감하는 훈련은 판단 없이 바라보기witnessing, 근감각적 바라보기kinesthetic seeing, 근감각적 공감으로 바라보기kinesthetic empathy로 구성되는 관찰 과정을 통해 치료사 자신의 경험을 관찰한다.

판단 없이 바라보기는 대상을 분석하지 않고, 있는 그대로 바라보면서 일어나는 반응과 자각을 말한다. 근감각적 바라보기는 관찰자의 호흡이나 근육 긴장도 등의 변화와 같은 감각적 기반에 대한 자각을 말한다.

근감각적 공감은 내담자에 대한 관찰자의 감정적 반응을 반향한다(호흡, 척추 자세, 어깨 신체 긴장, 신체 부분 제한사용, 신체 인식 없는, 협응력 리듬 어려움, 표정, 에너지 상태 등).

3) 관점의 차원: 양극의 공간 — 양극적 사고 분열에 대한 몸의 느낌과 감각, 다른 문, 다른 공간, 창의적 리듬성, 창의적 표현

두 가지의 다른 감각 부분에 집중하고, 열기와 닫기, 오른쪽/왼쪽, 위/아래 등, 교차적으로 자극의 한 부분에서 다른 부분으로 인식을 바꿀 수 있도록 하는 것이다.

- 양극의 공간: 양극의 분열에 대한 몸의 표현과 몸의 느낌과 감각, 방향에 대해 질문하고 토의

감정은 목 아래 호흡, 심혈관, 위장, 심장, 내막 시스템의 기능에 중요한 영향을 미친다. 즉 감정이 신체 · 정신에 영향을 준다는 것으로, DMP는 감정을 조절하는 잠재력을 가지고 있고, 뉴런 간의 연결을 강화시켜 새로운 정보 인식 기능을 변화시킬 수 있다. '뇌 가소성'은 감각 경험이 뇌의 연결망을 활성화시키는 것을 말하는데, 뇌는 정적이거나 불변하지 않고, 살아가는 삶에 의해 끊임없이 리모델링된다.

4) 집중력 차원: 내적 연결성과 외적 표현, 집중과 산만, 그라운딩

눈을 감고 단전을 중심으로 신체 중심을 인식하고 호흡하는 것으로 시작하여, 눈을 뜨고 신체 바깥 공간을 보고 연결하여 움직인다. 내부와 외부 사이의 상호작용을 시도하고 내적 연결성을 가진다.

내적 공간에서 바깥 공간으로 일반적인 자기 리듬을 타면서 신체 한 부분을 중심으로 내재된 리듬의 자연적인 움직임을 끌어내고 다른 신체 부분은 따라오게 한다.

5) 맥락의 민감성: 맥락적인 공간, 시간, 흐름의 에포트

시각적, 청각적, 후각적, 신체 감각적인 것 모두를 포함하는 감각 자극을 통합시킬 수 있으며, 신경학적 DMP에서는 한 부분에 초점을 맞추기도 하고, 연속적 집중은 집중의 초점을 유지하면서 집중하는 시간을 조금씩 더 지속하기 위하여 사용된다.

리듬의 동조를 읽는 것은 자신의 신체를 통하여 타인의 신체가 느끼는 감각을 경험하는 것이다. 그것은 의식의 스펙트럼 수준을 넓히는 것이며, 인간의 리듬 스펙트럼은 지구의 에너지 장과 관계하는 방식에 대한 연구와 관련이 된다. 신경학적 무용동작치료에서 리듬의 동조는 이미지와 움직이는 몸 부위를 연결하는 동시성을 보이거나 순차적으로 근육을 사용하여 신경학적으로 연결된다. 치료와 관련된 구조는 이미지 연상, 정보 처리, 지각적 감각, 리듬의 동조화로 시작되고 연결된다.

6) 회복 능력 차원: 지금 여기 몸에 거주, 이 순간에 진실한 삶에 있기, 주어진 이 순간에 최선을 다하기, 삶은 항상 지금이다.

몸과 마음의 연결성으로 나의 몸에 대한 감각적 직접적 경험과 지금 여기에서 즉각적인 자신의 감정적 신체적 경험으로 움직이는 방법이다.

움직임에 따라, 자신이 얼마나 공간을 사용할지, 자기 리듬의 타이밍이 어떤지, 움직임에 따라 나오는 에너지의 특성이 어떤지에 주의를 기울인다. 자신의 움직임이 다른 사람들과 정서적 연결을 하는지, 아닌지, 얼마나 다른지를 알게 한다.

개인의 내부 탐색은 내면에 집중하도록 격려받으며, 나오는 생각, 감각, 이미지가 어떤 것이든 수용하게 된다.

2. DMP 조율과 체현

무용동작치료사는 내담자의 신체, 감정의 존재함에 조율되고 체현된 의식을 찾는다(Bernstein, 1979). 호흡 패턴들과 목소리 변화 등 미묘한 변화들을 관찰함으로써 생긴다.

치료사는 내담자가 감정을 느끼도록 돕고, 그 '느낀 감정'의 감각과 사고, 감정적 조율 및 표현을 인식하게 하므로 신체적 심리적인 통합에 영향을 주는 것이다(Chodorow, 1984).

3. 정서유형 회로망

여섯 가지 정서유형의 회로망이 감정영역(변연계)보다는 전전두피질에서 감정 회복력과 연결된다. 그것은 전전두피질과 편도체 사이의 '뉴런'의 연결과 활동 때문이다. 전전두피질과 편도체로 이어지는 고속도로가 더 적을수록 회복력이 떨어지는 것이다. 그러므로 DMP 작업은 뇌 가소성 활성화와 뇌의 연결을 돕는다.

정서를 통제하고 조절하는 뇌의 회로가 인지적 기능을 수행하는 회로와 중복되는 것은 당연하다. 정서와 다른 정신 과정을 명확히 구분할 수 있는 선은 존재하지 않으며, 오히려 서로 합쳐진다고 할 수 있다.

따라서 시각과 청각피질에 이르기까지 사실상 모든 뇌의 영역은 정서를 조절하거나 정서의 영향을 받는다.

뇌의 신경조직에 대한 이러한 사실은 우리가 감정을 경험할 때 왜 우리의 인식과 사고가 변화되는지 이해하는 데 중요한 시사점이 된다. 우리가 감정을 조절하고 변화시키기 위해 인지 체계를 어떻게 활용할 수 있는지, 이를 모색하는 데도 필요하다.

4. 신경학적 무용동작치료 — 거울 뉴런 미러링 DMP

거울 뉴런들은 경험 의존적으로 양육자와의 초기 관계들이 이 발달 시스템을 형성하고 지원한다(Schore, 1998). 엄마들이 아기들의 감정적 반응을 관찰할 때 그들은 아기들이 느끼는 감정을 자신의 신체로 감지하고 반영하며 이 감각에 기반하여 아기들을 달랜다(Stern, 1985).

신체에 기반한 조절과 마찬가지로 미러링 형태의 감각 활성화 무용동작치료 개입은 신경 단위의 발달을 자극하고 지원하는 것이다.

우리가 어떻게 보이느냐는 우리가 우리 자신과 다른 이들을 어떻게 볼 수 있느냐를 비롯하여 우리가 어떤 존재가 될 수 있는지를 형성한다.

- 나는 보이기를 갈망한다. (나르시시즘)
- 나는 보였음을 느낀다. (신뢰)
- 나는 나 자신을 보고 싶다. (에고)
- 나는 나 자신을 본다. (건강한 에고)
- 나는 다른 이를 보기를 갈망한다. (사랑)
- 나는 다른 이를 본다. (연민)
- 나는 우리 둘 다 하나로 본다. (통합)

인간 존재 안에 내재되어 있는 것은 바라봐 주기에 대한 갈망이다. 우리는 다른 사람에게 있는 그대로 보이기를 간절히 원한다. 우리는 바라봐 주기를 원한다. 궁극적으로 우리는 다른 이들을 바라보기를, 사랑하기를 원한다.

2부

신체 중심 관찰 계획 평가

5장
DMP 임상 과정 및 구조, 평가

DMP 예술심리치료사 임상 실습 단계와 그 목적

DMP 예술심리치료사[RDT][1] 과정생들은 예술치료가 필요한 각 현장(정신과 종합병원을 중심으로)에서의 임상 실습을 병행하는 것이 중요하며, 일반적으로 700시간 이상의 임상을 거친다. 그리고 자격을 갖춘 수퍼바이저에게 150시간 이상의 집단 및 24시간 이상의 개인 수퍼비전을 받아야 한다.

치료사 과정생들의 수련 목표는 DMP 예술심리치료의 임상적 기술을 높이고, 치료대상자 혹은 치료그룹의 치료과정을 명료하게 확인할 수 있는 수준까지 훈련하는 것이다. 이후 이론과 실제 및 심리적 이론을 임상 현장에 적용해 치료의 목적과 목표를 달성할 수 있도록 매진해야 한다.

DMP 예술심리치료사 임상 실습의 내용과 목적은 다음과 같다.

1) RDT(Registered Dance Therapists)는 사단법인 한국댄스테라피협회(KDTA) 공인 무용동작심리치료사로서 석사학위, 심리학 및 무용동작치료 이론 과정 45학점, 무용치료 임상 실습 700시간 이상, 전문가의 수퍼비전(그룹 수퍼비전 150시간, 개인 수퍼비전 24시간 이상), 국제 무용동작치료 학술대회 및 워크숍 참석 60시간 이상의 기본 요건을 갖추고 무용동작치료 집단 사례와 개인 사례 발표 심의를 통과한 자에 한하여 수여되는 자격증이다.

1. 1단계: 임상 참관

병원의 전체적인 시스템을 익히고 치료목적을 지원하며, 환자와의 관계 형성과 환자 관찰, 의료진들의 모든 일을 도와주는 전반적인 참관을 목적으로 한다.

2. 2단계: 보조치료사

다양한 개인이나 그룹의 50분 세션session 진행을 돕는데, 이때는 수퍼바이저의 수퍼비전을 원칙으로 한다.

3. 3단계: 두 명이 50분 예술치료 세션을 주도 및 협력

치료과정에 필요한 예술치료의 기술을 향상하고, 개개인의 환자를 느끼고 읽을 수 있는 예술치료 기술을 발달시키고 수퍼비전을 받게 된다.

4. 4단계: 한 명이 개인이나 그룹의 예술치료 세션을 진행

예술치료사로서 환자와 내적 교류를 하는 임상 기술을 높이게 된다.

DMP 임상 참관 보고서

• 일시:

• 제출자:

• 장소:

• 주치료사:

• 대상:

• 참석인원: 남: 명 / 여: 명

▣ DMP 주제:

▣ DMP 과정:

▣ 참관자 소견:

치료 세션의 한 회기 구조

1. Warm-up

- 호흡, 공간, 흐름의 관계, 신체 끝부분에서 중심으로
- 에포트Effort 범위 결정, 모든 신체 부분 사용, 공간 조절, 관계 확립

2. Release

- 시간과 무게, 신체 역동의 강도 증가
- 긴장 제거와 숨겨진 감정을 끌어내고, 주제를 이끌어 냄

3. Development of Theme

- 감정 상태, 이미지, 언어적 표현, 동작으로 견해 표출

4. Centering

- 자신에게 되돌아감
- 주제로부터 동작 요소를 사용해서 동작 경험이 각 개인을 자신에게 돌아가게 함

5. Closure

- 호흡, 흐름, 관계, 현실로 돌아옴, 치료자로부터 분리

DMP 예술심리치료 과정의 조직과 구조

1. 치료조직

- 접수 면접
- 초기 신체 정서 관찰 평가
- 가설의 개념화
- 치료목표 설정
- 치료 세션 진행
- 후기 신체 정서 관찰 평가
- 임상 보고서 작성

2. 치료대상자의 진단 평가

- 대상자의 발달, 개인적 · 사회적 배경, 병력 검토
- 예술 활동을 통해 나타나는 환자의 발달, 사회성, 운동력, 청력, 커뮤니케이션 수준 관찰

3. 치료대상자의 치료적 목적과 목표 설정

- 단기치료 목적, 장기치료 목적 설정
- 세션 치료 목적 및 목표 설정
- 치료 적용 계획서 작성

4. 치료실 공간

- 치료실은 편안하고, 환자와 치료사 간의 상호작용을 증진시킬 수 있는 환경

5. 치료 세션의 단계

- 도입과 탐색 단계: 치료자가 안전기지를 형성시키며 긍정적 과정이 되게 한다.

6. 동작 관찰

- 신체 BODY
- 움직이고자 하는 내적 충동 EFFORT
- 형태 SHAPE
- 공간 SPACE

7. 발전 단계

- 환자 자신의 기존 틀과 행동 변화의 압력에 따른 저항을 알고, 치료단계에 적합한 활동 구조의 양을 조절
- 성장에 따른 의사소통이 필요
- 치료 활동을 적용하고 환자의 반응 평가

8. 마무리 단계

- 모두 함께 참여하는 리듬적 움직임 인사, 짧은 공동 토론으로 마무리

9. 최종보고서 작성

DMP 예술치료 세션 평가

• 무용치료자 이름 **• 수퍼바이저:** **• 일시: 년 월 일**

평가: ① 매우 만족 ② 가능성 있음 ③ 그런대로 괜찮음 ④ 불만족

1. 무용치료 세션을 위한 준비

1) 세션이 준비되어 있다. ① ② ③ ④
2) 프로그램이 계획되었다. ① ② ③ ④
3) 상황이나 환경에 적절하다. ① ② ③ ④

2. 무용치료 세션의 효율성

1) 세션이 내담자들의 기술과 능력에 알맞다. ① ② ③ ④
2) 세션이 내담자들의 나이에 알맞다. ① ② ③ ④
3) 세션이 순조롭다. ① ② ③ ④
4) 내담자들이 반응할 충분한 시간을 준다. ① ② ③ ④
5) 내담자들의 기능에 맞게 세션을 수정한다. ① ② ③ ④
6) 치료방법이 치료목표 달성에 효과적이다. ① ② ③ ④
7) 내담자들을 존중한다. ① ② ③ ④

3. 보상의 효율성

1) 보상이 내담자들에게 주어진다. ① ② ③ ④
2) 보상이 즉각적이다. ① ② ③ ④
3) 보상이 구체적이다. ① ② ③ ④
4) 보상이 세션 중 일관성 있게 주어진다. ① ② ③ ④

4. 치료자의 효율성 및 개입

1) 내담자들과 편안히 눈을 맞춘다.
2) 목소리의 높이가 적절하다. ① ② ③ ④
3) 음색이 적절하다. ① ② ③ ④
4) 운율이 적절하다. ① ② ③ ④
5) 목소리의 크기가 적절하다. ① ② ③ ④
6) 얼굴 표정이 적절하다. ① ② ③ ④
7) 내담자들에게 열린 자세이다. ① ② ③ ④
8) 내담자들에 대한 지시가 적당하다. ① ② ③ ④
9) 치료자의 개입이 적절히 이루어졌다. ① ② ③ ④
10) 내담자의 의견을 수용한다. ① ② ③ ④

▣ 전체 소견

오디오 평가

(성명) 인

녹음된 말	비평	새로 수정한다면

세션 시작에서부터 녹화를 재생시켜 치료사가 말한 내용을 왼편에 적고, 오른편에는 그 말을 어떻게 다시 하는 것이 더 효율적일 수 있는지를 판단하고 기록.

DMP 임상 기록지

치료사		기관명	
참관자		대상자	
일시		요일	
		출석 인원	(/)명 (참석인원/정원)

세션 차시			준비물	
장기목표				
회기 목표		1. 2. 3.		
기대효과				
과정	시간	내용		내담자 반응
워밍업				
펼치기				
주제				
중심				
마무리				

자기평가보고	
강점	
약점 및 보완 방법	

6장

내담자 면담, 계획서, 평가서

초기 면담 아동용

몸 정서 심리치료							
이름		생년월일		성별		날짜	
주소				연락처			

1. 가족사항

관계	성명	연령	학력	직업	종교

2. 진단 및 치료

기관명	진단	치료 여부

3. 임신 상태	
계획 여부	반응

4. 모유방식(신체 접촉)

5. 새 환경의 사귐(두드림, 할음, 냄새)

6. 식사 및 수면 상태

7. 신체 발달(기기 · 걷기)

8. 언어인지발달(표현력 · 이해력)

9. 사회정서발달(또래 관계 · 형제 관계 · 부모 관계 · 성격)

10. 가족 병력

11. 양육상의 특기 사항

12. 공황상태의 자기표현과 행동

13. 자해

14. 새것에 대한 두려움

15. 집착(실, 어두운 곳, 물, 스위치, 자동차, 숫자 등)

16. 학습 정도

17. 음악 듣고 표현하는 방법(율동 모방 가능 정도, 가사 · 장단 · 선율 등)

18. 내담 목적 및 주 호소 문제

19. 그동안의 심리치료 내용

초기 면담 성인용

몸 정서 심리치료							
이름		생년월일		성별		날짜	
주소				연락처			

1. 가족사항

관계	성명	연령	학력	직업	종교

2. 신체 질병

3. 수술 경험

4. 부모로부터 유전된 병

5. 발병 시기

6. 진단 및 치료사항

7. 수면 상태

8. 현재 복용하는 약의 유무 및 종류

9. 좋아하는 음식

10. 제일 좋아하는 대상/제일 싫어하는 대상

11. 자신이 원하는 기대(치료적인 면에서)

12. 휴대폰, 컴퓨터 게임 시간

13. 현재 가장 큰 문제점은 무엇입니까?

치료 적용 계획서

Treatment Plan					
이름		생년월일		성별	
주소				연락처	
제목					
목적					
목표					
방법					
도구					
소요시간					
응용					

예술치료 세션 기록

Arts Therapy	
활동일시	년 월 일 요일 시 ~ 시
치료자 이름	
프로그램 제목	
참석환자군 (예: 정신분열증, 약물중독증 등)	
장소	
장기목표	
단기목표	
준비물	
내용 및 반응	
확인	수퍼바이저: (서명)

DMP 예술치료 과정 관찰

일시: 년 월 일 대상자 그룹 형태:

Ⅰ. 내담자 호응도		내담자 이름						
참여 정도		1. 적극적으로 참여한다.						
		2. 가장자리에 서 있다.						
		3. 가장자리에 앉아 있다.						
		4. 공간을 떠난다.						
참여 경위		1. 스스로 참여						
		2. 초청에 의한 참여						
		3. 잘 구슬려서 설득함						
참여 형태		1. 몇 명이 어울려서 함께 동행함						
		2. 몇 명이 어울려서 가끔 동행함						
		3. 그룹과 관계없이 "자신의 몫"을 함						
		4. 그룹에서 이탈						
친밀감		1. 친밀성이 높다 — 낮다(5 — 1)						
		2. 친밀성이 편하다 — 불편하다(5 — 1)						
리드하는 태도	a	1. 적절하게 먼저 리드한다.						
		2. 부탁해야 리드한다.						
		3. 리드해줄 것을 간청해야 할 필요가 있다.						
		4. 힘없이 시도해보다가 포기한다.						
		5. 리드하는 것을 포기한다.						
	b	1. 리드하는 것을 다른 사람에게 흔쾌히 넘겨준다.						
		2. 요청할 때만 다른 사람에게 리드하도록 넘겨준다.						
		3. 자신이 하는 리드를 타인에게 넘기길 거절한다.						
감정표현		1. 열광적임						
		2. 지루함						
		3. 무표현						
		4. 슬픔						
		5. 두려움/부끄러움						
		6. 전투적임						
		7. 과잉흥분						

II. 개인적 움직임 패턴		내담자 이름						
몸의 유연성	1. 최소의, 대부분 경직되거나 부동							
	2. 약간의, 능동적인 동작 그러나 몸통은 부동임							
	3. 중간, 약간의 몸통 움직임: 몇 부위는 사용되지 않음							
	4. 상당한, 주로 동시적으로 행해지는 조인트 움직임							
	5. 극도의, 모든 조인트를 통해 이루어지는 연속적인 움직임							
공간 적인 특징들	1. 방향은 오직 한 방향으로만 움직이고, 공간적으로는 분명하다.							
	2. 두 가지 방향만 사용, 앞뒤/위아래/좌우 움직임							
	3. 단순한 공간사용 앞뒤, 양팔을 몸에 가깝지도 멀지도 않게 움직인다.							
	4. 방향 사용은 있으나 공간적으로 불분명하다.							
	5. 모양(형태)을 만들기 편안하게 공간적으로 명료하게; 대각선으로, 나선형, 몸을 꼬는 동작							
동작의 질(質)적인 면	1. 단조롭고, 완만하거나 경직되어 있다.							
	2. 관찰 가능한 강세와 리듬, 그러나 집중력이 낮고, 억제되거나 주춤거린다.							
	3. 매우 강렬하거나 흥분한; 활기 있고, 강하고 빠르나 다양하지 않다.							
	4. 작은 변화: 세션 동안 둘 또는 세 가지의 질이 나타난다.							
	5. 리드 없이 움직임의 질을 다양하게 할 수 있다.							
	6. 관찰된 움직임의 질(質)	a. 빠른(Quick)						
		b. 강한(Strong)						
		c. 직접적인(Direct)						
		d. 천천히(Slow)						
		e. 가벼운(Light)						
		f. 간접적인(Indirect)						
보이는 특징들	1. 이상한 제스처							
	2. 개성적인 자세							
	3. 바라보는 방법							
	4. 소리를 많이 낸다.							
	5. 세션 동안 말을 한다.							

아동용 DMP 예술치료 평가서

Dance Movement Psychotherapy			
이름		성별	
생년월일	년 월 일(세)		
장애 유형			
치료 기간	년 월 일 ~ 년 월 일		

1. 전반적인 상태	
2. 움직임 동작상태	• 신체 지각 • 신체 사용 정도 • 활동상태 • 리듬감
3. 언어력	• 어휘력 • 언어지시 수행력 • 표현력
4. 정서면	• 표정 • 공격성 • 충동성 • 강박성 • 안정감 등
5. 사회성 발달(대인관계)	• 치료사와의 관계 • 친구 관계 • 환경 적응력
6. 평가의견	

치료자:

수퍼바이저:

DMP 진단평가보고서

DMP 진단평가보고서는 다음과 같은 내용을 기준으로 작성되어야 한다.

- **내담자 이름**
- **제출일**
- **치료사 이름**
- **시작과 종료일**
- **개인/그룹 치료 양식**
- **세션 횟수와 시간**
- **진단명**
- **나이**
- **성별**

• 사회성 교류

눈 마주침, 적절한 표정, 다른 사람과의 관계성, 의사 표현 방법, 그룹의 방향성을 따라가기, 그룹 분위기에 적합한 자세 유지, 행동의 습관적 동작 등.

• 언어성 교류

언어 사용, 소리를 내고, 제스처를 통한 의사 교류 기술, 발음, 말의 크기와 표현력, 사용되는 단어, 문법적 연결, 질문 수준, 대화 시도 및 반응 등.

• 신체 움직임

근육, 힘, 운동신경, 왼손잡이 또는 오른손잡이, 손가락의 사용, 손 그리고 팔의 사용, 운동 시작 능력, 유연함, 신체 움직임의 범위, 신체 움직임의 속도 등.

• 인지적 지각

무용동작치료 적용에 관련되는 영역으로 색상표현, 형태, 공간, 무게, 시간 인지, 반응속도, 집중력, 지속력, 결정력, 문제해결 기술, 순서상 단계를 연결하는 능력, 자신이 사용하는 단어나 행동에 적절한 느낌을 표현 등.

• **자아에 대한 지각**

자신을 조명하는 단어, 이미지, 행동, 제스처, 자세로 내담자가 표현하는 행동만을 의미하며 관찰자의 추측을 의미하지 않음.

• **감정발달**

내담자가 어떻게 자신의 감정을 표현하는지, 자주 표현하는 감정의 내용은 어떠한지, 외부상황에 반응하는 내담자의 우선적인 감정반응 등.

• **현실에 대한 인식**

현실에 대한 지각, 현실에 대한 인식과 정보와 관련한 내담자의 말이나 행동을 보고.

• **심리적 고려**

내담자의 심리적 문제에 대한 스트레스나 시간 사용, 사회적응에 어떤 심리적인 문제가 있는지 내담자의 직접적인 말이나 행동을 통해 서술.

• **시력과 청력**

관찰되는 시력 상태, 관찰되는 청력 상태.

• **환경에 대한 민감성, 필요적 요소**

현재 상황에서 내담자가 보이는 민감한 부분이나 추가적으로 필요한 환경적 요소.

• **연결된 과거 정보**

내담자의 과거 역사, 가족관계, 다른 사람과의 관계, 이전에 예술치료를 받은 경력 등.

• **외모적 상태**

옷을 입은 상태, 얼굴 표정, 청결 상태, 키, 체중 등.

• 내담자의 강점 및 취약점

• 치료목적 및 목표의 당위성을 요약

치료사가 내담자의 치료를 위해 세운 목적과 목표에 대한 이유 설명.

• 행동 변화를 위한 전략 및 과정

치료사로서 당신은 다음을 위해 어떻게 할 계획인지 설명(행동의 강도를 증가시킴, 바람직하지 못한 행동을 감소시킴). 무용치료 세션에서 설정된 치료목적과 목표를 달성하기 위해 꼭 필요하다고 보는 관련 행동 변화를 위해 사용할 전략적 과정을 단계적으로 설명한다. 이 경우 가능하다면 어떤 형태로든 신체 심리 움직임을 적용해 행동을 강화 또는 감소시키게 한다.

• 치료 적용 계획서

이상의 치료목적과 목표 달성을 위한 표준적 치료 적용 계획서 첨부.

• 요약

진단 평가의 내용을 일반적으로 요약함.

7장

Dr Ryu DMP 관찰, 측정, 평가, 역량

Dr Ryu DMP 치료자 역량 평가

1. 무용동작치료 기초원리

- 내담자 신체 정서 관찰
- 치료계획
- 치료 중재 개입 능력
- 치료 평가
- 문서기록
- 종결 계획
- 치료사 윤리
- 학제 간 협력
- 수퍼비전
- 연구 방법

2. 자기 평가도구

- 세션 경험에 대한 객관적 순서
- 경험에 대한 반응을 주관적으로 요약
- 클라이언트 반응 관찰의 초점
- 특정 주제의 초점
- 세션 효과에 대한 평가
- 세션 계획과 실제 진행의 비교 검토
- 향후를 위한 아이디어
- 특정한 무용치료, 심리학 모델이나 이론에 대한 연결

3. 평가, 자질, 기술 진단

- 무용치료의 역사와 이론적 배경
- 신체 해부학적 이해
- 신체 기능학적 이해
- 동작 관찰 분석의 기술
- 신체 움직임의 기술
- 즉흥무의 기술
- 움직임 창작의 기술
- 안무력
- 신체 메시지 진단 기술
- 프로그램 계획 및 평가

4. 평가 및 치료사 성찰

Dr Ryu DMP 임상 최종보고서

- 제출일:
- 제출자:
- 대상자:
- 세션 횟수와 시간:
- 시작일과 종료일:

1. 임상 기초 정보

1) 기관정보
2) 그룹 구성 및 특성
3) 개인정보

이름(성별)	나이	문제	환경 및 특이사항	성격 및 행동 특성

2. 관찰 진단 및 치료목표, 치료전략

1) 대상자별 관찰 및 진단
   동작 관찰 척도, 사회성 검사척도, 그림 검사, 정서 척도 등
2) 치료목표 및 전략(대상자별)

이름	개인 이슈	치료목표 및 전략 or 접근 방향

3. 치료계획

단계	단계별 계획	회기	내용

4. 단계별 치료사 개입과 대상자의 진보 및 변화

5. 치료자 성찰

동작 관찰 기술

- 어떻게 느꼈는가? 무엇을 봤는가?
- 어떻게 생각하고 목표를 계획하는가?
- 목표를 세운 것에 대하여 그것을 어떻게 설명할 수 있는가?
- 나는 과정에 대한 개입을 어떻게 했는가?
- 결과는 어떠했는가?

DMP 예술치료에서의 동작 관찰 진단 평가

DMP 동작 관찰 진단 평가는 움직임 동작이 병리학적 조건들을 포함한 개인 간 그리고 개인 내적인 기능의 측면을 반영한다는 가정에 기초한 응용실천 과학으로 발전했다.

1. 목적

1) DMP 실행에 있어서 중요한 평가 데이터를 제공한다.

2) 세션 중에 이용되는 중재를 위해 사용된다.

- 신체와 동작은 치료적 언어이기에 동작 관찰은 DMP 평가와 중재에 필수적이다.
- 내담자에 의해 사용된 동작은 치료사가 특성을 관찰해서 신체 부위 연결 사용, 그리고 다른 요소들로 확장된다.

3) 동작 패턴의 변화들은 관심이나 결과물에 대한 변수로 작용한다.
   - 동작 관찰 진단은 DMP 임상적 평가의 중요한 역할을 하는데, 내담자에 대한 정보, 기능 진단과 과정을 기록화하여 치료목표를 세우게 된다.

4) 동작이 의미하는 본질적이며 고유한 관계가 있다. 움직임 유형은 개인 존재 그 자체로, 동작은 개인적, 문화적, 심리적 유형들을 동시에 보여주기 때문이다.

동작 관찰 진단의 주요 요소들

1. 신뢰도와 타당도에 유의해야 한다.

신뢰도와 주관성에 대한 두 가지 다른 관점
첫째: 임상자는 경험적 데이터에 기초한 객관적 관찰 방법이나 체계들을 이용함으로써 평가에서 주관성을 최소화하기 위해 노력할 수 있다.
둘째: 관찰적 평가는 체계적으로 이루어져야 한다.

- 동일한 방식, 동일한 맥락, 정해진 간격으로 이루어지는 것
- 어떻게, 언제, 어디서 관찰들이 수행되어야 하는지를 구성

2. 잘못된 관찰 경향(관찰자의 편견)에 종속되어 평가의 결과를 왜곡하지 않아야 한다.

내담자를 관찰할 때 자신의 개인적 동작 선호도의 존재를 과대 또는 과소평가할 수 있다. 그러므로 3인 이상의 전문가 평가가 필요하다.

3. DMP의 유효성과 신뢰성

유효성과 확실성에 근거하는 평가 요소로, 유효성은 관찰 척도가 측정하기로 되어있는 것을 측정하는 정도이고, 확실성은 관찰 측정 과정에서 기인하는 점수의 일관성이나 정확성을 말한다.

즉, DMP 평가는 동작의 요소들에 대한 동작 관찰 언어를 필요로 하고, 동작 관찰들의 유효성 평가를 위해서 훈련이 필요하며, 해당 문헌들을 참고해야 한다.

Dr Ryu 무용동작 관찰 및 진단 평가 분석지

Dr RYU 무용동작 관찰 · 진단 평가 분석지는 움직임 변화를 측정하기 위한 도구로, 움직임 관찰 및 분석을 통해 대상자의 심리적 · 신체적 변화를 평가하고 치료적 설계를 돕기 위해 오랜 임상을 통하여 개발되었다.

- 호흡, 신체긴장, 신체자세
- 협응력, 공간인식, 리듬성
- 자아성, 시간인식, 표현력
- 관계성, 사회성, 창의성

무용동작 관찰 분석지의 주요 카테고리

- 4개의 주요 카테고리로 나누어지며 5점 척도로 이루어진 총 20문항으로 구성된다.
- 4개의 주요 카테고리를 나타내면 다음과 같다.

카테고리 1	**카테고리 2**
호흡, 신체긴장, 신체자세 Breath, Tension, Posture	협응력, 공간인식, 리듬성 Coordination, Spatial-Awareness, Rhythmicity
카테고리 3	**카테고리 4**
자아성, 시간인식, 표현력 Self-formation, Time-Awareness, Expression	관계성, 사회성, 창의성 Interaction, Sociability, Creativity

각 항목의 채점 방법은 다음과 같다.

호흡, 신체긴장, 신체자세

- 호흡의 깊이와 머리 몸통 사지로 나뉜 신체 부분의 긴장 정도를 평가한다. 긴장 정도가 높으면 높은 점수를 주고 긴장이 없다면 낮은 점수를 준다. 계산할 때 역점수를 사용한다.
- 신체 전체의 에너지 수준과 척추를 중심으로 신체 정렬의 상태를 점수화한다. 앞으로 굽은 상태나 뒤로 과신전 상태는 낮은 점수에 속하고, 바른 정렬에 높은 점수를 준다.

협응력, 공간인식, 리듬성

- 협응력은 신체 각 부분이 만나는 신체 움직임의 자연스러운 협응 정도를 평가한다.
- 공간인식은 공간의 다양한 방향과 레벨을 사용하는 정도, 직선적 · 곡선적 사용 정도, 공간 속에 움직임이 3차원으로 존재하는 정도를 평가한다.
- 머물기, 빠르게, 느리게

자아성, 시간인식, 표현력

- 센터링(무게감) 정도, 음악 자극에 의한 반응, 창의적 반응, 표현적 능력, 자발적 능력 정도를 평가한다.
- 센터링(무게감)은 신체의 중심 부분에 얼마나 힘이 실려 있는지, 바닥을 얼마나 굳게 딛고 섰는지grounding를 평가한다. 그리고 무게 사용의 강한, 부드러운, 가벼운 정도를 평가한다.
- 시간적 사용

관계성, 사회성, 창의성

- 타인과의 접촉 정도, 환경과의 관계 맺기, 집단협력, 창의성으로 나누어 평가한다.
- 움직임을 통해서 상호작용 관계를 살핀다. 개인 공간에 머무르는지, 일반 공간 속에 자유롭게 드나드는지를 평가한다.
- 그룹과 협력, 창의적 움직임 및 표현 등

위의 평가 기준을 정리하면 아래 표와 같다.

평가 범주	평가 기준	비고
호흡 신체긴장 신체자세	• 호흡의 깊이와 머리, 몸통, 사지로 나뉜 신체 부분의 긴장 정도를 평가한다. 긴장 정도가 높으면 높은 점수를 주고 긴장이 없다면 낮은 점수를 준다. • 신체 전체의 에너지 수준과 척추를 중심으로 신체 정렬의 상태를 점수화한다. 정렬은 앞으로 굽은 상태나 뒤로 과신전 상태는 낮은 점수에 속하고, 바른 정렬에 높은 점수를 준다.	
협응력 공간인식 리듬성	• 협응력은 신체 각 부분이 만나는 신체 움직임의 자연스러운 협응 정도를 평가한다. • 공간인식은 공간의 다양한 방향과 레벨을 사용하는 정도, 직선적 · 곡선적 사용 정도, 공간 속에 움직임이 3차원으로 존재하는 정도를 평가한다. • 머물기, 빠르게, 느리게, 흐름.	
자아성 시간인식 표현력	• 센터링(무게감), 음악 자극에 대한 반응, 표현력 능력, 자발적 능력 정도를 평가한다. • 센터링(무게감)은 신체의 중심 부분에 얼마나 힘이 실려 있는지, 바닥을 얼마나 굳게 딛고 섰는지(grounding)를 평가한다. • 시간적 사용. • 자발적인 표현력 정도.	
관계성 사회성 창의성	• 타인과의 접촉 정도, 환경과의 관계 맺기, 집단협력, 창의성으로 나누어 평가한다. • 움직임을 통해서 상호작용 관계를 살핀다. 개인 공간에 머무르는지, 일반 공간 속에 자유롭게 드나드는지를 평가한다. • 그룹과 협력, 창의적 움직임 및 창의적 주도.	

DANCE MOVEMENT OBSERVATION & DIAGNOSIS SHEET

• Name: • Date of Test:

〈SCORE〉

1	2	3	4	5
거의 없다	있으나 낮다	있다	높다	아주 높다

1. Breath, Tension, Posture

1) Breath
2) Head tension (역 score)
3) Chest, Pelvic tension (역 score)
4) Arms, Legs tension (역 score)
5) Body Alignment

2. Coordination, Spatial-Awareness, Rhythmicity

6) Coordination
7) Attention
8) Spatial direction
9) Space Level
10) Rhythmicity

3. Self-formation, Time-Awareness, Expression

11) Centering, Weight
12) Control Dynamic
13) Spontaneity
14) Time awareness
15) Expressiveness

4. Interaction, Sociability, Creativity

16) Eye Contact
17) Related to environment
18) Group cooperation Activity
19) Caring for others
20) Creative responses

• Total:

8장

그 외 다양한 DMP 동작 관찰 진단 평가척도

루돌프 본 라반 기반 척도

루돌프 본 라반Rudolf von Laban(1879~1958)은 무용가이자 건축가, 철학자이다. 라반의 체계는 다양한 동작의 역동성에 초점을 맞추기 위한 동작 진단 어휘와 관찰 시야를 마련해 주면서 DMP 평가 발전에 큰 영향을 주었다. 라반의 관찰과 기록체계는 동작 특성들을 전달하면서 수행되는 몸동작의 공간적 측면과 질적인 측면들을 설명하고 있다.

1. 라반 동작 분석(LMA, Laban Movement Analysis)

네 가지 주요 움직임 요소(Body, Effort, Shape, Space)로 구성되어 움직임의 성격을 찾을 수 있게 돕는 연구 방법론으로, 인간의 모든 움직임을 설명하기 위한 분석적 틀을 제공한다. 특히 인간의 무의식적, 의식적 움직임의 심리상태를 읽어 내는 데 사용된다.

1) 신체적 측면

움직임을 만드는 몸의 각 부위 간 연결성 및 움직임의 과정에 대한 이해, 기능적이고 표현적인 움직임을 가능하게 하는데, 움직이는 몸을 분석하기 위해서 다음 사항을 살핀다.

- 몸의 구조(Body organization)
- 몸동작(Body action)
- 몸 부위 간 연결(Relationship)
- 움직임의 시작점과 진행 과정(Initiation/Sequence)
- 신체 자세와 제스처(Posture/Gesture)

2) 질적인 측면

어떻게 움직이는가?(내적 충동/내적 태도)

질적인 인자	움직임 특성	질문	신체적인 힘	특질	감각
공간	직접적/간접적	어디로	환경	주의	청각적/시각적
무게	무겁게/가볍게	무엇을	중력	의도	촉감/근육
흐름	자유롭게/제한적인	어떻게	내적/심리적 감각	감정	순환
시간	빠르게/느리게 유지	언제	진행 과정	결정	언제 결정

3) 형태적 측면

환경과 어떻게 만날 것인가?

라반의 동료 워랜 램Warren Lamb에 의해 만들어졌으며, 인간이 공간적 환경에 적응하기 위해 변화하는 몸의 형태나 선, 면, 입체적 움직임의 형태가 움직이는 사람의 심리상태를 반영한다.

(1) 형태 흐름: 자아 지향적 움직임

호흡과 연결되어 움직이는 동안 자신의 호흡을 느끼고, 그 호흡에 따라 몸이 변화하면서 나타나는 특정한 형태의 움직임으로, 환경을 인식하지 않고 몸의 내부에 집중할 때 나타나는 움직임 형태를 말한다.

(2) 목표지향적 움직임

환경을 의식하면서 나타나는 것으로, 공간을 의식하는 단계에서 만들어지며, 외부의 다양한 자극에 반응하는 움직임이다.

- 원호처럼: 공간상의 평면적인 움직임으로, 원호 모양을 그리면서 진행하는 움직임
- 직선 모양: 공간이나 특정 사물을 가리키는 직선 모양의 움직임

(3) 환경 지향적 움직임

3차원적인 입체감 있는 움직임으로, 느낌이나 감정이 담겨있으며, 몸과 공간의 조화 속에서 움직임의 형태를 창조하는 과정을 강조한다.

4) 공간적 측면

어디로 움직이는가? 1, 2, 3차원적 움직임들의 다양한 가능성을 탐구하며, 움직이는 신체 공간적 패턴들에 대해 신체와 환경 그리고 신체 안에서의 공간적 긴장에 대한 분석틀을 창안한 것이다.

(1) 일반 공간

무게 중심이 이동하면서 만들어지는 공간으로, 몸의 이동과 함께 개인이 움직일 수 있는 무한대의 공간이다.

(2) 개인 공간

무게 중심의 이동 없이 인간의 사지가 가장 가까운 혹은 가장 멀리 도달할 수 있는 공간.

바르트니에프의 에포트 · 셰이프 분석

엄가드 바르트니에프Irmgard Bartenieff(1900~1981)는 각각의 에포트의 특성이 질문에 대한 답으로 보일 수 있다고 설명했다.

- **무게 요소는 '무엇이 나의 충격이나 의도인가'**에 답하며 의도적이거나, 확신적 특성과 맺고 있다. (의지, 의도)
- **공간의 요소는 '내가 어떠한 공간에 접근하고 있는가'**에 답하며 사고라는 특성과 연관을 맺고 있다. (사고, 주의)
- **시간의 요소는 '내가 그 행위를 언제 완성해야만 하는가'**에 답하며 결정, 긴박성, 지속성에 대한 연관을 맺고 있다.
- **흐름의 요소는 '내가 어떻게 동작을 계속해 나가고 있는가'**라는 물음에 답하며 감정과 그 추이 과정의 시작 및 지속 여부와 연관이 있다. (감정)
- 각각의 에포트는 개인의 신체 동작 발달 때문에 습득된다.

공간은 구강기(0~1세), 무게는 항문기(1~2세), 시간은 생식기(3~5세)에 지배적이다. 흐름은 호흡으로 태어날 때부터 나타난다. 이러한 에포트들은 잠재기 동안에 결합되고, 사춘기 이후에 더욱 성숙한 유형으로 재조정되고, 어떤 해결되지 않은 성장적 이슈들은 그러한 에포트들의 사용이 반복되거나, 아니면 제한되었다고도 볼 수 있다. 그러므로 에포트들은 항상 조화를 이루면서 연속적으로 발생한다.

케스틴버그 동작 파일(KMP)

케스틴버그 동작 파일The Kestenberg Movement Profile[KMP]은 심리적 발달 평가를 위해 움직임을 기록하고 분석하는 시스템이다. KMP는 안나 프로이트Anna Freud의 심리적 평가와 연결되어 주디스 케스틴버그Judith Kestenberg가 동료들과 함께 연구했으며, 인지적 기능과 관계의 패턴 및 개인의 움직임의 다양성을 볼 수 있다(Kestenberg & Sossin, 1994).

KMP에는 아홉 가지의 움직임 패턴의 카테고리가 있다. 아홉 가지 움직임 패턴들은 발달의 두 가지 시스템, 즉 시스템 Ⅰ(System I, Tension-flow-Effort system)과 시스템 Ⅱ(System II, Shape-flow-Shaping system)로 분류된다(류분순, 2017).

시스템 Ⅰ은 신생아의 발달 선상에서 전 생애에 순차적으로 나타나는 움직임 패턴이며, 내적인 욕구, 느낌과 정서를 묘사한다. 이는 긴장 흐름 리듬과 긴장 흐름 속성이다. 시스템 I은 에포트 전조와 에포트로 성장해 가면서 환경적인 반응과 적응을 반영하면서 전개되어 간다.

시스템 Ⅱ는 발달 선상에서 사람들이나 사물에 대한 관계를 나타낸다. 여기서 대칭적비대칭적 형태 흐름은 신생아부터 전 생애에 걸쳐서 전개되는 움직임 패턴으로써, 대칭적 혹은 비대칭적 차원의 신체 확장과 수축을 묘사한다. 형태 흐름 디자인은 몸으로 다가가는, 그리고 몸으로부터 멀어지는 움직임의 흐름을 묘사한다. 형태성의 방향은 직선적 방향을 형성하는 패턴들이다. 형태성의 차원은 다차원적인 형태들을 창출한다.

1. 긴장 흐름 리듬 — 욕구와 본능적 충동 표현에 사용되는 움직임 패턴

자유로움과 제한적인 흐름 사이의 주기적인 교차는 리듬적으로 불규칙한 시간과 변화가 있기는 하지만, 이 열 가지 리듬적 패턴은 발달적 단계에 맞춰서 분류된다. 각각의 리듬은 특정 신체 부위에서 나타나고 발달적 과제를 수행하는 기능적인 역할을 한다. 케스틴버그는 발달적 순서에 따라서 다섯 가지의 단계, 즉 구강기, 항문기, 요도기, 내적 생식기, 외적 생식기를 묘사한다. 각 단계는 리듬의 긴장 흐름에 따라서 만족 · 충족적인, 호전적인 목적을 가진다.

열 가지 리듬은 욕구 표현을 반영하는 방식으로, 열 가지 순수한 리듬뿐 아니라 두 가지 이상의 리듬이 섞인 혼합적 리듬 등, 그 종류 또한 다양하다.

1) 구강기

(1) 구강기 전반: 빨기 리듬

이 리듬은 출생 후 반사적으로 젖을 빠는 시기에서 관찰되며, 또한 손가락과 발가락에서도 발견된다. 그 리듬은 전형적으로 짧은 긴장과 안정의 부드럽고 흔들리는 성질을 가지고 있으며, 규칙적인 간격을 둔다. 이 리듬은 어머니와의 공생 관계와 마음을 맞추는 것, 자기 진정, 그리고 영양공급을 증진한다.

이러한 단계에 있는 아이들은 입에 물건들을 넣고 빨아대는 것을 즐긴다. 고무, 젖꼭지, 손가락, 장난감과 담요 같은 모든 것들이 이러한 목적에 맞는 물건들로서 즐겨 사용된다.

생후 6개월 동안 유아는 제한적 흐름과 자유로운 흐름 사이를 번갈아 가며 부드럽게 흔드는 움직임을 통해 초기 양육자와 하나가 되길 원한다. 이 리듬은 구강 기관에서 시작되어 자기 위안이나 양육의 욕구를 충족시켜주며 다른 신체 부위로 확장되어 애착의 발달적 과제를 수행한다. 이 움직임이 이루어지는 면은 수평적이다. 성인이 되어서도 욕구를 표현하고 타인과 관계를 맺기 위해서 고개를 끄떡이거나 자기 접촉을 하면서 이 리듬을 사용한다.

(2) 구강기 후반: 물기 리듬

이 리듬은 이가 나기 시작하면서 나타나며, 전형적으로 '물어뜯는' 성질을 가지고 있다. 이것은 긴장되었다가 곧 풀리는 근육의 이완 현상의 날카로운 변화 때문에 인지된다. 이 단계의 아이들은 가볍게 두드리거나 톡톡 치기, 장난감의 딸랑이 흔들기, 손뼉치기 놀이나 모든 표면을 크게 치는 것을 즐긴다.

생후 6개월에서 12개월 시기에 이가 나는 동안 영아는 입안의 불편함을 경감시키기 위해서 깨물기를 시작한다. 이 리듬은 프리(free)와 바운드 플로(bound flow)의 과도기가 좀 더 날카로워지는 특성을 보인다. 이러한 리듬이 씹는 과정에 이용될 때는 달라붙거나, 타인과의 분리와 경계를 형성하는 발전적 기능을 할 뿐 아니라, 고체 음식물을 잘게 자르는 실용적인 기능도 한다. 성인은 이 리듬을 관계를 끊거나 자신을 소외시킨다거나 관계에 있어서 경계를 형성할 때 사용할 수도 있다. 이러한 리듬은 비판적이거나 타인의 의견을 씹는 경향이 있는 사람들이 자주 사용하기도 한다.

2) 항문기

(1) 항문기 전반: 비꼬기 리듬

한 살 말경에서 시작하여 두 살 초반까지 계속해서, 아이들은 바닥을 기거나 공간적인 요구에 적응해야 할 때 허리와 골반 부분이 반사적으로 움직이게 된다. '항문꼬기' 리듬은 괄약근에서 시작하여 몸 전체로 퍼지는 척추 운동에서 나타난다.

아이들은 짓궂고 귀찮게 하고 운동력이 있는 기술을 실행하기 시작한다. 그리고 음식물을 뭉개고, 손가락으로 그림 그리기와 같은 창의적으로 어지럽히는 것을 즐기게 된다.

생후 10~12개월에서 18개월 정도에 아이는 허리와 골반 움직임이 유연해지면서 기어가기 시작하고, 꿈틀거리면서 공간을 움직이기 시작한다. 이 리듬은 항문 괄약근에서 몸 전체로 확장되면서 척추 움직임에서 주로 나타난다. 성인은 이 리듬을 장난스럽고, 상대방에게 집적거리는, 시시덕거리는 것과 같은 타인들과의 상호작용으로 사용하고, 양면성을 표현하는 데 사용하기도 한다.

(2) 항문기 후반: 잡아당기는 리듬

이 리듬은 근육 긴장의 고른 강도로 특징지어지며 고도로 유지된다. 아장아장 걷는 아이들은 스스로 일어나고, 기고, 이러한 리듬으로 조심하며 스스로 앉기도 한다. 18개월 된 아이들에서 전형적으로 나타나며, 이러한 단계에서의 역할은 대변 통제의 시작, 기어오르는 기술, 자율성, 안정성, 조직성, 대결적인 성질, 수직성, 고의성, 자아의 실현과 중력에 대하여 적응하는 접근성 등으로 나타난다.

이때부터 아이들은 수직적인 단계로 변화하게 되며 똑바로 서게 된다. 진흙으로 물건 만들기를 즐기고, 물건을 던지는 것을 좋아하게 되며, 의도를 가지고 “아니요”라고 말함으로써 자신을 주장하게 된다. 이 단계는 또한 저항하는 성질이 시작되는 시기이다. 이 리듬은 전형적으로 18개월 정도에 나타나며, 강렬한 긴장이 급작스럽게 시작된다. 이 단계의 발달과제는 항문 조절, 오르기, 자율성(자발성), 안전성, 조직화, 직면, 수직성, 계획성, 중력에 대한 순응적 접근 등이 있다. 이 단계에서 아이는 수평에서 수직적 플레인plane으로 전환을 시작하고, 세상을 서서 직면하기 시작한다. 성인은 조직화, 견제 · 속박, 그리고 조절하는 데 이 리듬을 사용한다.

3) 요도기

(1) 요도기 전반: 달리기 · 표류 리듬

이 리듬은 부드러움, 변화와 통제력 부족으로 수동적인 소변보기에서 볼 수 있는데, 작고 점진적인 변화로 특징지어진다. 어린 아기들은 신체의 정면을 향해 달리기를 시작할 수 있고, 방해하는 사물이 나타날 때 달리기를 끝낼 수 있다.

이러한 발전적 단계는 세 살 때 시작된다. 이 단계의 역할은 운동을 숙지하고 동작을 실행하며, 멈출 수 있는 능력은 없더라도 달리기를 배우는 것이다. 이것은 마음대로 떠돌며 다니는 단계이며, 이러한 변화가 수직적 단계에서의 안정성으로부터 운동성을 띠도록 하는 특징을 지어준다. 그 리듬은 오줌의 흐름을 촉발하는 요도 괄약근에서 발생한다. 이러한 단계에서의 전형적인 놀이 활동은 쫓아가기와 잡기 게임이다.

이 리듬은 점진적이고 낮은 강도를 가졌으며, 목적과 종점이 없이 흘러가는 특성을 지닌다. 이 리듬은 특정한 목적이 없는 움직임의 형태를 가지며, 수직적 안정성에서 앞뒤의 유동성으로 전환을 시작한다. 성인은 이 리듬을 수동성, 감정조절 없이 흘리기, 목적 없이 떠돌아다니는 것을 표현하는 데 사용한다.

(2) 요도기 후반: 시작하고 멈추기 리듬

이 리듬은 근육 긴장 변화의 짧은 변이가 전형적이며, 종종 갑자기 발생하기도 하지만, 점진적으로도 변화할 수 있다. 세 살 후반부에 아이들은 달리는 동안에 넘어지지 않고 스스로 멈추는 것을 배우기도 할 뿐 아니라, 오줌의 배출을 시작하는 것과 멈추는 것들도 배운다. 움직임의 성질로 인해 갑작스럽게 날카로움으로 발전되며, 긴급하고 참을성이 없는 시간관념을 가지고 있다. 이 시기의 아이들이 가장 좋아하는 활동으로는 물총 쏘기와 의자 빼앗기, 녹색 · 빨간색 신호등 게임과 같은 멈추었다가 달리기 시작하는 게임이 있다.

생후 3년 후반에 나타나는 이 리듬은 소변 멈추기 혹은 참기, 달리다 멈추기 같은 것을 배우는 데 사용된다. 이 리듬은 시간에 대해 급하고, 참을성 없고, 급작스러우며, 날카로운 특성들을 발달시킨다. 성인들은 이러한 리듬적 특성을 긴급성, 성급함, 방해, 초점의 빠른 변화 등을 표현할 때 사용한다.

4) 내적 생식기

(1) 동요하는 리듬

이 리듬은 낮은 강도의 근육 긴장과 이완의 점진적인 상승과 하강으로 특징지어지는데, 이는 골반 부위에서부터 시작된다. 발전적으로 내적 생식기 단계는 네 살 때 시작되며, 이때의 역할은 과거 및 현재의 필요를 통합시키는 것이다. 아이들은 갓난아기들에게 흥미를 느끼게 되고, 인형과 노는 것에 관심을 가진다. 아이들은 전형적으로 성숙한 행동과 퇴행 사이에 있으며, 비조직적인 양식이다. 이 시기의 아이들은 부모를 성가시게 하기 시작하고, 그들의 필요를 채워줄 만한 것들은 불명확하다.

이 리듬은 만 4세 아동의 발달 단계에서 시작되고, 발달적 과제는 현재와 과거의 욕구를 통합시키는 것이다. 이 리듬은 점진적이고 느린 흔들림과 유사하나, 낮은 강도의 웨이브를 가졌다. 아동은 골반 내 기관에서 일어나는 내적 감각에 관심을 가지기 시작한다. 그들은 또한 아기나 인형과 함께하면서 양육 태도로 놀이하는 것에 관심을 가진다. 전형적으로 이 단계의 아동은 성숙한 행동과 퇴행적 행동이 양립한다. 남아와 여아 모두 투정을 부리며, 자신의 욕구 충족을 위해 필요한 것이 무엇인지가 불분명하다. 성인은 이 리듬을 창조성, 수용성이 요구될 때나 만족감을 느끼는 것이 힘들 때 사용한다.

(2) 소용돌이 리듬

이 리듬은 높은 강도의 근육 긴장과 이완에 따른 점진적인 상승과 하강으로 특징 지어진다.

아동은 만 4~4.5세에 이 리듬을 경험한다. 이 리듬은 높은 강도의 수축과 이완 흐름 사이를 반복하며 파동이 점진적으로 강해진다. 여성은 이 리듬을 출산 과정에서 요도가 수축하면서 경험하게 된다. 이러한 리듬은 오랜 시간 강렬하고 깊게 느껴진다. 이 리듬은 심리치료적인 과정과 같이 강한 전이적 경험을 포함한다.

5) 외적 생식기

(1) 외적 생식기 전반: 점프 리듬

이 리듬은 부드럽게 사이사이에 일어나는 변이와 함께 갑작스러운 근육 긴장의 상승과 하강에 의해 특징지어진다. 이것이 종종 높은 강도에 달하기도 한다. 아이들에게 있어서 이러한 리듬은 흥분, 자랑, 점프, 총 쏘기 게임 등을 할 때, 또 생각에 몰두해 있는 동안에 관찰될 수 있다. 외적 생식기 단계는 다섯 살과 여섯 살 사이의 발전적인 단계이다. 이 단계의 역할은 외부 지향적으로 되게 하는 것인데, 이때는 총체적으로 증가된 운동 활동에 대한 필요성과 폭넓어진 관계가 함께 따른다. 이 단계에서의 움직임은 강렬하고 반항적이며, 갑작스러운 것이고, 외부 생식기에서부터 출발한다.

이 리듬은 만 5~5.5세의 아동에게서 나타난다. 이 리듬은 높은 강도의 제한적이고 자유로운 흐름의 부드러운 전환과 함께 나타난다. 예를 들면, 아동이 뛸 때 좀 더 부드럽게 바닥으로부터 튀는 것이다. 이 단계의 발달적 과제는 좀 더 강렬한 관계를 맺기 시작하고 움직임이 큰 활동 욕구를 외부로 더 직접적으로 표현하는 것이다. 이 단계의 움직임은 강하고, 충돌적이고, 점프와 같이 급작스러우며 외부 생식기에서 시작된다. 성인은 이 리듬을 강렬한 느낌을 표현할 때와 외부 중심의 사교적 · 외향적 상황에서 사용한다.

(2) 외적 생식기 후반: 뛰어오르는 리듬

이 리듬은 날카롭고 갑작스러운 긴장의 상승과 하강에 의해 특징지어진다. 이것이 종종 높은 강도에 달하기도 한다. 아이들은 이 리듬을 공격적인 맞부딪치기, 밀어대기, 펀치, 멀리뛰기와 높이 뛰어오르는 데 이용한다.

이 리듬은 5.5~6세에 나타난다. '점핑' 리듬과 다른 점은 자유로운 흐름과 제한적 흐름의 변화가 좀 더 날카롭다는 것이다. 이 움직임은 좀 더 충돌적이고 공격적인 성향을 띤다. 또한 지향성을 가지며, 동시적인 양상을 보인다. 이러한 패턴은 정확함을 요구하는 큰 움직임 활동을 하는 데 유용하다. 성인은 충돌적인 형태에서 집중하는 날카로움 혹은 폭력적 공격, 날카로운 감정 · 느낌을 표현하는 데 사용한다.

단계별 리듬

양상	호의적이고 유동적인 리듬 바탕	공격적이고 분화적인 리듬 바탕
구강기	빨기	씹기, 물어뜯기, 깨물기
항문기	비틀기	잡아당기기, 풀기
요도기	달리기, 표류하기	시작하기, 멈추기
내적 생식기	동요하기	소용돌이치기, 물결치기
외적 생식기	점프하기	뛰어오르기, 박차 뛰어오르기, 부딪치기

출처: Tension Flow Rhythms & Development Phases (Kestenberg, 1975)

2. 긴장 흐름의 속성 — 안전성과 위험에 반응하고 정서적 반응을 표현하기 위해서 사용되는 움직임 패턴

긴장 흐름 속성은 신생아 때부터 시작된 개인의 기질과 발달의 기능, 성인의 움직임 요소에서의 안정성 정도를 보여주는 질적인 패턴들이다. 긴장 흐름은 모든 발달 단계에서 보이는 연속 과정이다.

긴장 흐름 속성은 정서 조율과 관련이 있다. 제한적 흐름과 전투적 속성을 갖는 특성들은 조심스러운 느낌을 연상시키며, 자유로운 흐름과 제멋대로 속성의 특성들은 태평스러운 느낌을 연상시킨다. 정서의 차이와 복잡성은 긴장 흐름 속성의 배합과 관계가 있다.

3. 에포트의 전조들 — 본능적 충동을 방어하고 학습해가는 방법을 표현하는 데 사용되는 움직임 패턴

라반Laban은 에포트를 공간, 시간, 무게에 대한 태도 변화를 표현하는 움직임 요인이라고 제안하였다. 발달적으로 에포트에는 외부환경을 변화시키려는 시도가 요구된다. 영유아들은 이 외부환경의 변화에 자유롭게 대처할 수가 없다. 그래서 이 에포트가 나타나기 이전에 초기 발달 단계의 아동들의 움직임 레퍼토리에서 전조들precursors이 나타나고, 성인의 학습 모드 또는 방어기제에서도 나타난다. 방어는 채널링이 반영된 '소외'이고, 긴장의 같은 흐름이 사용된다. 이 에포트의 전조들은 주로 긴장의 조절로 몸에 집중되고, 시간, 공간, 무게로 다가가려는 현실 안에서 이루어진다. 그래서 전조들은 긴장 흐름과 에포트의 중간단계에 있다. 세 가지 전조들은 전투성을 돕고, 나머지 세 가지 전조들은 편안함을 돕는다.

4. 에포트들 — 시간, 공간, 무게의 힘과 관련된 외적인 환경에 적응하기 위해 사용되는 움직임 패턴

에포트들은 외부적 현실(시간, 공간, 무게)의 기본적 관점들에 자아가 적응해가는 움직임으로 구성된다. 에포트 요소들은 점진적으로 성장을 전개한다. 발달 선상의 전조에서, 그리고 특정한 긴장 흐름 조절 패턴에서 에포트로 발달해 간다. 에포트 요소들은 간접성, 가벼움, 감속 등의 융통성 있는 매너에서 시간, 공간, 무게들을 수동적으로 다룬다. 에포트들 가운데 우리는 관심attention, 의도intention, 결정decision 과정에서 자기 선호도를 알 수 있다.

5. 형태 흐름

편안함과 불편함, 자기감정과 신체상을 표현하기 위해서 사용되는 움직임 패턴으로, 형태 흐름은 살아있는 세포의 가소성plasticity을 표현한다. 가장 간단한 것으로 호흡을 예로 들 수 있다. 숨 쉬는 동안 몸의 형태가 지속해서 변하는데, 이때 형태 흐름을 관찰할 수 있다. 호흡과 다른 형태 흐름의 리듬들은 환경과의 접촉이 늘어나고 줄어드는 구조를 제공한다. 이 리듬들을 통해서 내면의 감정과 느낌이 몸의 형태와 얼굴 표정의 팽창과 수축으로 표현된다. 형태 흐름 패턴들은 관계에 관한 내적인 감정을 표현하고 조직하는 수단을 제공한다. 우리가 신뢰감을 느낄 때, 우리 몸의 경계가 커지는 경향이 있다. 반대로 예측 불허한 상황에 있을 때, 내적인 감정과 외부적 표현 사이의 조화가 깨어질 때, 우리는 움직임 패턴들의 갈등 속에서 움직일 것이고, 관계에 있어서도 우리의 욕구와 감정을 효율적으로 표현하는 데 어려움을 겪을 것이다.

영아들은 신뢰할 수 있고 예측 가능한 환경에서 자신감을 발달시킨다. 자기 신뢰가 쌓이면서 타인과의 상호작용의 기초가 제공된다. KMP에서 형태 흐름 영역은 초기 발달의 관계 패턴을 알 수 있다. 신생아는 공기, 온도, 소리, 빛과 같은 외부환경 요소와 관계를 맺으면서 수평적, 수직적, 앞뒤의 평면에서 확장/성장하거나 수축/위축하는 반응을 한다.

6. 대칭적 형태 흐름

대칭적 패턴들은 자기 감정들을 표현하거나, 기쁨이나 불쾌함과 관련된 감정이나 무드를 나타내기 위한 비언어적 매개를 제공한다. 영아와 양육자가 숨 쉬는 리듬과 안는 것을 통해서 형태 흐름 패턴을 공유할 때, 그들은 감정이입과 상호 지지에 근거한 관계를 발달시키는 경향이 있다. 신뢰는 호흡 리듬과 함께, 지지적이고 안정감 있는 패턴과 조화를 이루는 예측감으로부터 발달할 수 있다.

7. 비대칭 형태 흐름

내적인, 그리고 환경적인 자극에 끌리거나 거부함을 표현하기 위해 사용되는 움직임 비대칭적 패턴들은 의사소통, 상호의 리듬, 끌림과 반발 작용의 핵심을 토대로 형성된다.

이들 패턴은 태아기에 이미 존재하며, 사람들이나 호감 있는 자극에 다가가는, 혹은 불쾌한 관계나 해로운 자극으로부터 물러나는 정보를 제공하면서 전 생애를 통해서 계속된다. 몸은 자극을 향해서 다가가고 팽창되기도 하고, 그 자극으로부터 물러나기도 한다.

그 자극이 몸 안에 있을 수도 있고, 몸 밖에 있을 수도 있다. 우리가 무언가/누군가와 접촉하길 원하고 만족감을 느낄 때 우리는 성장한다.

반대로 고통이나 불쾌한 감정이 일어날 때 우리의 몸은 움츠러들고 작아진다. 커지고 작아지는 리듬은 비언어적 상호관계 스타일을 형성하는 것을 돕는다.

비대칭 형태 흐름 패턴들을 통해서 영아는 환경 안에서 특정한 자극이나 사람들에 반응하는데, 비대칭적으로 팽창하거나 수축할 수 있다. 영아는 형태가 팽창하거나 수축하는 것을 통해서 상호관계가 좋은지 싫은지를 드러낸다. 비대칭 형태 흐름 패턴들은 안전감과 위험감에 반응하고, 그 두 가지가 다르다는 것을 나타내기 위한 구조를 제공한다.

8. 방향 안의 형태성

사람, 환경, 사물과 관련된 학습과 방어패턴들을 구조화하며, 개인적 스타일을 표현하는 수평적, 수직적, 앞뒤, 평면을 통해 사람들과의 복잡한 관계를 표현하기 위해서 사용되는 움직임 패턴으로, 방향 안의 형태성은 나와 타인 사이의 신체 경계들을 연결하는 것을 명확히 표현한다.

직선적 움직임과 원호적 움직임은 공간 안에서 사람과 사물들에 집중하는 데 사용되기도 하고, 자기 자신을 방어하고 자기 경계를 보호하는 형식으로 사용되기도 한다.

이 능력은 자기방어를 위한 뚜렷한 경계를 세우는 데 있어서 비대칭 형태 흐름보다 좀 더 발전된 단계라고 할 수 있다. 비대칭 움츠림이 공격자나 위험한 환경으로부터 피하고 작아지는 것이라면, 방향 안의 형태성은 위에서 공격해 오는 공격자의 급습을 막아내기 위해 팔을 들어 몸을 방어하는 것을 말한다.

9. 다차원적 형태성

오목하거나 볼록한 다차원의 형식에서 공간을 사용, 상호성의 3차원적 관점을 나타낼 수 있다.

상호적 관계에 있어서 가장 진보된 단계가 다차원적 형태성에서 나타난다. 움직이는 이가 오목하거나 볼록한 다차원의 형식에서 공간을 사용한다. 공간은 수평적, 수직적, 앞뒤의 평면 배합으로 사용된다. 직선적 움직임, 원호적 움직임과 다차원적 형태성이 다른 점이 있다면, 다차원적 형태성은 공간의 볼륨에 윤곽을 그리는 타원적 움직임으로 형성되고, 그것들은 상호성의 3차원적 관점과 온전하게 살아있는 대화에서 주로 볼 수 있다.

릴리안 에스페낙의 움직임 진단 테스트

릴리안 에스페낙Liljan Espenak의 움직임 진단 테스트는 알프레드 아들러Alfred Adler와 알렉산더 로웬Alexander Lowen의 이론을 바탕으로, 초기에는 발달장애 아동을 대상으로 삼은 것이라 테스트가 간단하게 구성되어 있다.

테스트의 목적은 신체적으로 잘 움직이지 않는 부분이나 움직이려 하지 않는 부분을 찾는 것이며, 이는 심리적 문제들을 대표한다고 추정되는 신체 부분을 평가하는 것과 관련이 있다.

1. 측정

에스페낙은 각 항목 5점씩 130점을 만점으로 하였으나, 여기에서는 저자가 100점으로 재구성하였다.

1) 세부 항목에 따른 배점, 총 100점 만점(점수가 높을수록 좋다).
2) 행동을 지시할 때는 최대한 간결하게 언어로 지시한다(치료사가 움직임의 모델링은 해주지 않는다).
3) 몸 전체를 조화롭게 잘 사용하느냐에 초점을 맞추어서 점수를 측정한다.
4) 점수 측정 시 치료사의 개인적 관점을 객관화하기 위해 왜 그렇게 점수가 나오는지 기입하는 것이 중요하다.

2. 릴리안 에스페낙의 일곱 가지 진단 테스트별 목적 및 움직임 방법

1) 역동성 정도

간단한 동작에 동원되는 다양한 추진력과 에너지를 확인할 수 있으며, 모든 반응은 어려움을 해결하는 데 사용되는 힘을 나타낸다.

(1) 의자 밀기

바퀴가 없는 의자에 사람이 앉아 있고, 내담자가 그 의자를 미는 것이다. 균형을 잡고 앞으로 잘 나아가는지, 몸의 상 · 하체를 조화롭게 사용하는지 여부를 관찰해야 한다.

(2) 테이블 밀기

큰 테이블을 미는 것이다. 크고 무거운 테이블을 밀기 위해 무게 중심을 낮추고 상 · 하체를 조화롭게 사용하는지 여부를 관찰해야 한다.

(3) 벽 밀기

벽에 머리부터 발뒤꿈치까지 대고 몸으로 벽을 미는 것이다. 힘을 줘서 벽을 미는 행동보다, 벽에 몸을 잘 붙이고 있는지 여부를 관찰해야 한다.

(4) 무릎 굽혀 바닥 밀고 뛰어오르기

몸 전체를 낮춰서 바닥을 밀면서 뛰어오르는 것으로, 이때 관찰해야 하는 부분은 다리를 구부리고 바닥을 밀면서 뛰어오르는지, 몸 전체를 조화롭게 사용하는지 여부이다.

2) 충동성의 조절

시간적인 개념으로 사용되며, 시간 제어와 구조는 개인의 내적인 리듬(모든 성격)뿐 아니라, 일상에서 실제로 실행되는 외부에서 주어진 기관에 적응하려는 능력을 의미한다.

(1) 속도의 반응

속도에 대한 측정으로 점점 빠르게, 점점 천천히, 단계적으로 조절하는 움직임이다.

(2) 리듬 패턴의 조직화

즉흥적인 리듬을 치료사가 제시하고, 그 리듬에 맞춰 내담자가 움직임을 한다.

(3) 이완성

바닥에 편안하게 누워서 움직이지 않고 쉬는 것으로, 한 자세에서 얼마나 안 움직이고 있는지를 살펴보는 것이다. 충동을 통제할 수 있을 때 생산적인 활동과 타인과의 상호작용이 가능하므로, 관찰해야 하는 부분은 움직이고자 하는 충동을 어떻게 통제하는지이다.

3) 조화성

(1) 팔다리의 걷기 조화

기다가 걷기, 걷다가 기기를 행하는 것으로, 골반의 움직임으로 인해 상 · 하체가 조화로운지 아닌지를 관찰해야 한다.

(2) 움직임과 박자의 매칭

움직임에 따라 숫자를 세면서 움직이는 것으로, 내 생각과 몸이 매칭되는지를 확인하는 것이다. 생각대로 움직일 수 있는지 여부를 관찰해야 한다.

(3) 옆으로 걷기

옆으로 걷는 것이며, 얼마나 안정적인 동작으로 신체를 규칙적으로 사용할 수 있는지 여부를 살펴봐야 한다(자유로운 어떤 방법이든 의도대로 걸을 수 있는지 여부).

(4) 스윙 리듬의 조화

음악에 맞춰 두 손을 위아래로 움직이는 것으로, 상 · 하체 조화 여부를 관찰해야 하며, 외부의 리듬과 내부의 리듬을 조절할 수 있는지를 확인할 수 있다(예: 위로 손 올릴 때 앞으로 걷기, 손을 내리면서 뒤로 걷기).

4) 주의집중과 인내력

(1) 과제 집중력

숫자를 세면서 한 발로 뛰는 등, 정해진 시간 동안 주어진 과제에 얼마나 집중하는지를 보는 것으로, 몇 개를 수행하는지보다는 집중해서 움직임을 하는지에 초점을 맞춘다.

(2) 다이빙 움직임

다이빙 동작을 취하면서 앞으로 나아갔다가 멈추는 동작으로, 통제력을 보기 위해 마지막에 잘 멈추는지에 초점을 맞춰야 한다.

5) 신체적 용기(불안 상태)

(1) 뒤로 걷기

뒤로 걷는 동작으로, 스스로 자신에 대한 믿음을 가지고 움직일 수 있는지에 대한 테스트이다. 불안하면 고개를 돌려 뒤를 확인하며, 뒤로 걷지 못한다.

(2) 뒤로 구르기

뒤 구르기 하는 동작으로, 스스로 자신에 대한 믿음이 없으면 뒤 구르기를 할 수 없다.

(3) 소용돌이 휘몰이

소용돌이 휘몰이는 두 팔과 몸을 돌리는 움직임으로, 공간의 이동에 따른 불안감을 볼 수 있다.

6) 신체 자아 이미지

내담자의 자아 강도와 자기주장을 나타내는 초기 근육테스트가 포함되어 있다.

(1) 발가락으로 서기
(2) 뒷굽을 들고 유지하기
(3) 발끝으로 서서 걷기
(4) 발끝으로 서서 두 팔 들기
(5) 뒷굽을 들고 두 팔 하늘로 열기

(6) 뒷굽을 들고 얼굴은 하늘을 보기

(7) 발끝으로 걸으면서 머리 들고 두 팔을 하늘로 열기

(1)에서 (7)까지 단계별로 하나씩 추가되면서 마지막 (7)번의 움직임이 만들어진다. 해당 테스트는 신체를 개방하는 모든 것이 포함된 동작으로, 각각의 움직임 수행 여부와 새로운 지시에 반응하는지 여부를 관찰해야 한다.

7) 감정 상태와 자아성

(1) 음악의 리듬과 협업

음악의 리듬에 맞춰 움직일 수 있는 능력, 즉 음악의 분위기에 협업할 수 있는 능력을 보는 것으로, 치료사는 의도된 음악을 사용하며, 음악이라는 자극을 통해서 내담자의 내면에서 어떤 충동(자극)이 일어나는지 알아보기 위한 것이다.

(2) 마음 상태

정신적 상태를 관찰하기는 어렵지만, 음악을 통해서 혼자 혹은 함께하고 싶은 감정을 살펴볼 수 있다.

(3) 창의적인 반응

창의적인 반응을 보는 것으로, 음악에 맞춰 다양한 움직임을 하며 몸 전체를 잘 활용해서 사용하는지, 공간을 다양하게 사용하는지 여부를 관찰할 수 있다.

에스페낙의 일곱 가지 진단 테스트

내담자 이름		날짜	
주소		나이	
전화		성별	
내담자 진단명			

1. 역동성 정도		10점
의자 밀기		(/10)
테이블 밀기		
등으로 벽 밀기		
무릎 굽혀 뛰어오르기		
높이 점프하기		
2. 충동성 조절		**10점**
속도 반응 조절		(/10)
단순한 리듬 패턴 조직		
이완과 휴식		
3. 조화성		**20점**
팔다리 걷기 조화		(/20)
움직임과 박자의 매칭		
옆으로 걷기		
스윙 흔들기		
4. 집중력과 인내력		**10점**
호핑-움직임의 지속		(/10)
다이빙 움직임		
5. 신체적 용기		**10점**
뒤로 걷기		(/10)
뒤로 구르기		
6. 신체 자아 이미지		**20점**
발가락으로 서기		(/20)
뒷굽을 들고 유지하기		
발끝으로 서서 걷기		
발끝으로 서서 두 팔 들기		
뒷굽을 들고 두 팔 하늘로 열기		
뒷굽을 들고 얼굴은 하늘을 보기		
발끝으로 걸으면서 머리 들고 두 팔 하늘로 열기		
7. 감정 상태와 자아성		**20점**
음악의 리듬과 협업		(/20)
마음 상태		
창의적 반응		
	총 (	/100)점
	치료사 이름:	

마사 데이비스(Martha Davis) MPI

1. MPI의 대상

심각하고 지속적인 정신장애가 있는 성인에게 사용되어 왔으며, 조현병(정신분열증)과 경계선 인격 장애가 있는 개인들을 구분한다.

MPI Movement Psychodiagnostic Inventory는 1대1 임상 인터뷰의 녹화된 세션들에 대한 지속적인 관찰과 기록에 쓰이도록 고안되었으며, 일부는 라반 동작 분석 Laban Movement Analysis[LMA] 기반이 그 목록에 포함되어 관찰 전반에 걸쳐 평가하게 된다.

2. 행동 목록

관습적인, 비언어적 행동들을 관찰의 맥락에 반영한다.

1) 7개의 하위등급

(1) 몸짓
(2) 자기-접촉 행동
(3) 수단적 행동
(4) 적응 행동
(5) 머리 움직임
(6) 얼굴 움직임
(7) 자세

2) 10개의 하위단계

(1) 해체(혼란: disorganization)

환자의 해체되고 분열된 조화에서 벗어난 동작을 알기. 신체의 한 부분이 다른 부분과 고정된 것처럼 보인다. 관절 부분에서 너무 뻗어있거나 구부려져 있어서 마치 손가락이 손과 분리된 것처럼 보이고 물건을 잡을 수가 없다.

(2) 부동성(immobility)

이 항목의 내용은 과다한 형태의 수축과 부동성이다. 정상적인 대화 행동에는 머리와 표정, 동작, 적어도 가끔은 일어나는 위치 이동이나 자세, 그리고 몸 전체가 포함된 움직임이 있다. 여기서 언급하는 낮은 움직임은 여러 신체 부분의 과다한 경직으로 인해 활동할 수 없는 상태를 말한다.

(3) 낮은 강도(low intensity)

정상적인 동작은 강한 강조, 빠른 몸짓, 머리를 천천히 돌리는 등의 역동적인 색채를 띤다. 이 항목은 실질적인 동작 역학이나 노력에 의한 질적 움직임의 결여를 말하며, 긴장 형태가 변하지 않고 중립적인 상태를 보여준다.

(4) 낮은 공간적 복합성(low spatial complexity)

정상적인 동작은 공간에의 투명성과 방향성, 그리고 이것에 의한 복합성을 보여준다. 이와 대조적으로, 이 항목에서의 형태는 공간적인 투영과 복합성이 결여된 상태이다.

(5) 보존/고정되어 변하지 않음(perseveration/fixed-invariant)

동작은 종종 반복적이다. 사람들은 발로 톡톡 차는 행동을 오랫동안 한다. 이 항목은 이러한 반복적인 행동을 말하는 것으로 특수한 경우이다. 즉 동작의 크기와 강도, 공간적 경로, 신체 부분에서 완전히 똑같은 반복을 보인다.

(6) 무기력, 또는 지체(flaccidity or retardation)

운동 지체는 역동적인 면에서 노력에 의한 지속적인 느림이나 낮은 긴장 상태에 의해 발생한다. 동작 수행과 각 동작에서 가속이 없기 때문에 행동이 매우 긴 주기를 가진다. 무기력은 일반적인 행동적 긴장을 잃어버려 보통 사람의 탄력성과 생기를 나타내지 못한다.

(7) 산만(diffusion)

이 항목은 모호하고 형태가 없으며, 명확한 목적이 없는 시작과 끝이 다른 동작을 다룬다. 정확한 방향이나 경로를 확인할 수 없는 공간적 산만이다. 즉 한 행동이 끝나기 전에 다른 행동을 시작하는 산만한 중첩이 보인다.

(8) 과장(exaggeration)

만약 동작의 크기가 변하고 신체 일부에서만 작은 움직임이 나타난다면 이 항목에 속하지 않는다. 이 항목에 속하는 것은 기괴하게 보일 정도로 강하고 크며, 과장한 행동이다.

(9) 과운동증(hyperkinesis)

이 항목은 동작이 매우 빠르게 수행되고, 동작 사이에 멈춤이나 약화가 생기지 않는 상태를 말한다. 또한 필요하지 않은 때에 매우 자주 위치를 이동하는 것도 포함한다.

(10) 일정한 조절/정지 상태(even control/suspension)

동작이나 정지 상태에서 신체 중심이 조절된다. 따라서 일시적으로 중력을 느끼지 않거나 긴장이 없어진다. 이것은 전체적으로 일정한 긴장이 계속해서 심하게 유지되는 상태이다. 특히 장기적인 정신질환자를 다루는 전문가들은 환자가 나타내는 동작 현상을 설명하기 위한 풍부한 설명적 어휘가 있다는 것을 알고 있으나, 종종 이러한 상처를 받은 환자들과 일하다 보면, 치료사와 내담자가 언어적 비언어적으로 서로 영향을 받을 수 있고, 때로는 그들의 비언어적 몸의 언어, 리듬, 반응 등이 혼란의 상태를 보이기도 한다.

3부

대상자별 임상 수퍼비전

9장
임상과 수퍼비전

아동 · 청소년 임상 계획, 구조, 평가

1. 무용동작치료를 통한 긍정적인 자기 정체성과 자신의 표현

무용동작치료는 아동 · 청소년들에게 필요한 정서적 공감과 긍정적 의사소통 및 긍정적인 자아개념을 심어 줄 수 있으며, 자신을 표현하고 나아갈 수 있는 환경을 넓혀준다.

또한, 의사소통의 범위를 넓혀줄 수 있고, 감정과 자기 안의 충동을 표현적인 움직임을 통해 표출할 수 있게 도운다.

치료사는 감정을 이입할 수 있는 주제와 이슈를 찾아, 감정과 연결된 움직임을 통해 표현하는 방식을 배우게 하여, 적응 과정이 필요한 내담자들에게 좋은 모델을 줄 수 있다. 즉 개인적인 정체성은 자신을 표현하는 단계에서 나올 수 있기 때문이다.

특히 장애 아동들에게 나타나는 정서적 · 행동적 장애, ADHD, 무기력, 애착장애 등등은 움직임을 통해서 기쁨, 안전한 방법, 긍정적인 리더십의 생각이 표출할 수 있도록 허락하면서 치료가 시작될 수 있다.

아이들은 신체로 경험한 자기 생각을 연결하고 표현할 수 있게 되고, 서로의 강렬함을 연결시키면서 서로 이끌기도 하고, 따라갈 수 있게 된다.

2. 관찰, 목표, 계획

1) 대상자 관찰

먼저 대상자의 발달, 개인적 · 환경적 배경, 신체 이상 등을 검토하고, 무용치료 과정에서 나타나는 정서 상태, 인지 상태, 사회성, 운동력, 커뮤니케이션 수준을 먼저 관찰하는 것이 중요하다.

2) 영역별, 단계별 목표

4영역	① 신체
	② 인지
	③ 정서
	④ 사회
8단계	① 라포
	② 신체 인식
	③ 공간 인식
	④ 시간, 공간, 무게의 조절
	⑤ 감정 읽고 느끼기
	⑥ 감정 표현
	⑦ 사회적 관계성
	⑧ 창의적 자기표현

- 무용동작치료를 통해 자신의 신체 감각적 행동과 신체 표현을 자유롭고 다양하게 만든다.
- 무용동작치료를 통해서 다른 사람을 자각하고 그에 반응하여 관계를 긍정적으로 바꾼다.
- 움직임 표출을 통해 내적 충돌을 해소한다.
- 자신의 신체 활동을 통해 조절하는 능력을 키운다.
- 내적인 생각과 감정들을 밖으로 표현한다.
- 신체 요소들을 활성화해 자신의 통합성을 발달시킨다.
- 신뢰감과 독립심을 키운다.
- 몸을 통한 리듬으로 근육의 활동이 활발해지며, 나쁜 공상이나 부정적 생각에서 벗어나 주위의 사물에 주의를 기울이게 된다.

3) 무용동작치료 과정 계획

- 호흡과 각 부분의 신체 지각
- 공간의 지각력(환경과 만남)
- 무게와 시간, 에너지의 조절과 균형감
- 전체 및 부분의 협응력
- 외부 세계와의 적응력과 관계성, 표현력 등으로 발달시키고 전개

3. 무용동작치료의 구조

1) 공간

공간은 편안하고, 치료자와 상호작용을 증진할 수 있는 환경

2) 구조

(1) 도입과 탐색 단계

① 치료자가 안전기지를 형성시킴.

② 긍정적 과정이 되게 함.

(2) 발전 단계

① 내담자 자신의 기존 틀과 행동 변화의 압력에 따른 저항을 알 것

② 단계에 적합한 활동 구조의 양을 조절

③ 성장에 따른 상호 간의 의사소통

(3) 정리: 나눔과 토론

3) 동작 평가

- 호흡: 얕은, 긴장
- 신체 모양: 축 처진, 움츠러든, 과장, 내민
- 신체 인식과 사용: 이동 기술, 리듬감, 협응력
- 흐름의 사용: 자유로운/제한된
- 무게: 무겁게/가볍게
- 시간: 빠르게/느리게, 유지하기/급격하게
- 공간: 위치, 방향, 경로
- 상호작용: 긍정적/부정적, 능동적/수동적

4. 무용동작치료사의 역할과 평가

치료사들은 신체 이미지의 혼란성을 바꾸고, 방향성의 이해를 증진하며, 균형의 조화를 증진할 수 있도록 공간의 훈련을 치료과정에 포함하여야 하고, 여기에 음악과 다양한 소품들을 사용할 수 있다.

1) 구조

신체적 안전, 방향, 연속성, 규준의 형성.

2) 안전

개인의 탐색 수용, 이해.

3) 지지

심리적 지지.

4) 기술

주제, 질문, 초점, 전략, 평가 등.

5) 동작 평가

호흡, 신체 자세, 신체 협응, 시간 사용, 무게 사용, 공간 사용, 흐름, 상호작용.

DMP 임상과 수퍼비전

1. 무용동작치료 수퍼비전의 계획

DMP 임상과 수퍼비전은 '전문적 역량을 키우기 위해 요구되는 특정한 지식과 기술이 무엇인지 알고, 그 지식과 기술이 풍부하게 숙련되고, 경험 있는 전문가가 수퍼바이지의 임상 과정을 지속해서 관찰하고 평가하는 과정'이다.

수퍼비전은 수퍼바이저와 수퍼바이지 그리고 내담자 간의 독특하고 전문적인 관계이다. 좋은 수퍼비전은 수퍼바이지에게 전문적으로 발전할 기회를 줘야 하고, 참여자들을 보호하는 적절한 조화와 유지를 필요로 한다. 수퍼바이지가 치료적 실무의 예술과 기술을 익히도록 도우면서 내담자들이 제공받는 치료과정의 질을 감독한다. 그러므로 수퍼비전은 구체적인 지식, 기대, 역할, 책임, 기술이 올바르게 수행되는지를 관찰, 평가, 확인하는 것이다.

2. 수퍼비전 운영 방식

1) 진단과 개입 방법에 대한 폭넓은 이해와 윤리 조항 알기
2) 기관과 대상자에 따른 초기 임상 세팅 방법
3) 수퍼바이지들이 수행할 대상자에 대한 이해와 심리학적 지식
4) 대상자 정보 및 신체 메시지 진단법, 임상 보고서 작성법
5) 전체 치료계획, 치료목적, 치료목표 설정
6) 단계별, 영역별 치료 적용 프로그램 계획서
7) 동작 관찰 방법, 치료 세션의 구조
8) 개인 능력의 한계와 수퍼비전을 통해 공감, 존중, 진정성의 조력 기술 배양
9) 개인의 문제가 어떻게 임상에 영향을 주고, 이러한 문제들이 내담자들에 어떠한 영향을 주는지 알기
10) 내담자들의 저항을 알아차리고, 그것에 대해 어떻게 접근해야 하는지 알기

11) 신체 · 심리적 동작 평가 지침

무용동작치료는 치료의 도구로써 몸의 심리적 움직임과 언어를 사용하며, 신체 움직임의 메시지에 집중하는 것이 중요하다. 수퍼비전의 실제에서 수퍼바이지들은 신체 이미지, 호흡과 긴장도, 폐쇄된 영역, 신체 · 정서 에너지, 상호작용, 자세, 제스처, 감정 표현의 신체와 그 움직임의 사용 관찰 분석을 기본으로, 전문가적 역량을 넓히는 방식을 익히게 된다.

수퍼바이저-수퍼바이지 간의 관계를 형성하는 데 필수적인 요소에는 신뢰 구축하기, 자기 개방, 격려하기, 전이와 역전이 확인하기, 다양성 사안들 검토하기, 적절한 한계 수립하기가 포함된다.

그러므로 수퍼바이저는 수퍼비전 관계에서 서로 솔직하게 나눌 수 있도록 개방적인 분위기를 조성해야 한다. 이를 위해서 수퍼바이저는 다문화적 이해의 유능성을 겸비해야 하며, 어떤 측면의 다양성이든 수퍼비전 관계에 영향을 미치는 요인들은 반드시 논의해야 한다.

수퍼바이저의 수준, 목표, 시간과 횟수, 수퍼비전 방법, 제출자료,
수퍼바이지(문화예술치유 프로그램 진행자)의 발전 방안 등

1. 수퍼비전의 목표

1) 수퍼바이지들의 성장과 발전을 촉진
2) 참여자들의 심리적, 신체적 복지를 보호
3) 수퍼바이지가 행하는 수행과정의 감독, 관찰, 평가
4) 수퍼바이지들의 전문가적 역량 강화

2. 시간과 횟수

수퍼비전은 회기 시작 전 대상자 파악과 이해, 심리학적 지식, 대상자 정보, 치료계획으로 시작되어 초기, 중기, 후기로 대상 그룹별 3회가 필요하며, 한 회기에 1~2

시간이 소요된다(3회 중 1회는 현장 수퍼비전). 또한 수퍼바이지 스스로 난제가 생겼을 때, 수퍼비전을 봐야 한다.

3. 수퍼비전 방법

1) 비디오 화면이나 직접 현장 참가로 이루어진다. 집단 수퍼비전에서는 동료 수퍼바이지들과 함께 임상 현장의 역동 안에서 일어나는 난관과 윤리적 문제들에 대해 논의하게 되고, 지지와 피드백 등을 하게 된다. 임상 비디오 화면을 통해 치료사의 무용동작치료 지식과 기술의 선택된 변화를 이끄는 창조적인 방법으로, 스스로 갈등과 방향 등을 정의하고 표현할 수 있게 돕는다. 또한 개인의 전문적 발달이 핵심으로, 수퍼바이지 자기 성찰과 자기 보고로 수퍼바이지 내면에 깊이 초점을 둘 수 있다.

2) 실제 역동 체험 방법: 무용동작치료의 독특한 수퍼비젼 방법으로, 임상 현장에서 일어난 정서적 난제에 대해 여러 수퍼바이지 그룹과 함께 실제적인 현장의 집단 역동을 경험시켜 수퍼바이지의 인식을 깨우는 데 중점을 두게 된다.

4. 제출자료

1) 회기별 임상 보고서
2) 회기별 동작 관찰 보고서
3) 회기별 영상 화면
4) 수퍼바이지 자기 소견서

5. 수퍼바이지 발전 방안

수퍼바이저는 수퍼바이지에게 어떻게 하면 다양한 도전 과제(자기 회의와 두려움 다루기, 개인적 욕구, 역전이 인식, 내담자의 다양한 가치체계 이해 등)를 잘 다룰 수 있는지 알도록 도와야 한다. 나아가 수퍼바이지가 그들의 불안을 다루고 실패했을 때, 그 안의 의미를 찾을 수 있도록 돕는다.

나아가 다문화적 수퍼비전은 인종, 민족, 사회경제적 지위, 성적 취향, 종교, 성별, 나이를 포함, 광범위한 문화적 차이를 반영한 정의로, 만약 수퍼바이지가 내담자의 문화적 맥락을 고려하지 않는다면 효율적인 심리치료를 할 수 없다.

그러므로 수퍼비전 시간에 인종적 상호작용에 대해서 다루게 되면, 수퍼바이지가 실제 임상에서 일반화시킬 수 있는 인지적 이해를 도울 것이다.

그리고 무용동작치료의 전문적 계획서 구성, 동작 심리 진단 능력 기르기, 지지 · 격려 · 존중으로 개인의 역량 강화, 수퍼바이지의 두려움과 불안, 자기 회의 문제 등을 효율적으로 다루기 등을 통해 수퍼바이지의 자기 성향 개방과 신뢰성 · 진정성 강화를 도모한다.

6. 효율적인 수퍼바이저

효율적인 수퍼바이저는 에너지가 긍정적이고, 생명력이 있으며, 자신의 삶을 좀 더 통합적이며 풍부하게 살려고 한다. 신뢰성이 있으며, 가면 · 방어로 뒤에 숨지 않는다. 그리고 유머 감각이 있으며, 삶에서 일어나는 여러 가지 사건들을 이해하는 독특한 관점을 가지고 있다. 자신의 약점이나 모순에 대해, 혹은 실수를 범할 때도 그것을 인정하려는 마음을 가지고 있다. 또한 문화가 주는 다양한 영향의 가치를 인정하고, 자신이 속한 문화는 물론, 다른 문화권에서 받아들여지는 가치관의 다양성을 존중한다.

나아가 사회적 계층, 인종, 성적 취향, 그리고 성별 등에서 파생되는 독특한 차이점에 관해 판단하지 않고, 안목을 가지고 있어야 한다.

수퍼비전 사례

[사례 1] 우울증을 앓고 있는 중년여성 개별 세션 수퍼비전

1) 구조에 대한 전체적인 요약

치료자의 목소리와 표정이 중요한데 편안하다. 세션 도입부에서 메테리얼로 사용한 천으로 지지적인 환경을 만들어 홀딩하고 치료자가 버텨주는 느낌은 내담자에게 안정감을 주었다. 중간 부분에서 내담자가 자기 소리를 내거나 노래를 부르게 한 것은 잘한 것이며, 마무리 단계에서의 신체 터치는 내담자로 하여금 자신의 소중함을 알아가도록 하는 좋은 방법이기도 하다. 클로징에서 등을 대고 음악을 들으며 마무리를 하는 것 또한 좋았으나, 음악에 맞춰 자신의 움직임으로 연결했다면 하는 아쉬움이 있다.

2) 전략적인 부분에 대한 수퍼비전

모든 메테리얼을 사용함에 있어 치료자는 심리적인 부분과 치료적 관계 안에서 어떠한 이유로 사용하는지에 대한 분명한 이유가 있어야 한다. 예를 들어, 이번 세션 내담자의 경우 태어나면서부터 존재에 대한 것이 약하기 때문에 다시 태어나기를 경험하게 하는 방법으로, 앞뒤가 트인 긴 천을 사용하여 터널을 통과하는 방법을 사용할 수도 있다. 이번 세션에서 본인이 사용한 탄력 천을 사용하면서 내담자에게 어떠한 치료적인 영향을 주는지도 발견하게 되었다. 지지대가 약한 내담자가 도구 안에서 심리적인 안정을 찾고, 스스로 경험하기 어려운 신체의 이완과 호흡을 경험할 수 있었으며, 다양한 이미지를 떠올려 움직임을 확장해 갈 수 있는 매개가 되었다. 천을 사용하여 파도를 일으킬 경우 심리적으로 여러 가지 현상이 일어난다. 파괴, 혼란, 바람 등. 단 치료자가 알고 진행할 경우 예기치 않은 내담자의 반응에 대해 홀딩이 가능할 수 있다.

세션 중 음악을 사용하면서 내담자의 반응을 관찰할 때, 정해진 순서의 음악을 그대로 쓰기보다 내담자에게 카타르시스를 일으키게 할 수 있는 시점에 치료적인 음악과 움직임을 자연스럽게 진행하게 할 수 있다.

치료자는 내담자가 갖고 있는 자원이 무엇인지를 발견할 수 있다. 예를 들어 '태어나지 말았어야 했어. 나는 저주받았어. 나는 우울증을 앓고 있어…' 등과 같은 생각을 할 정도로 자존감이 낮은 내담자라 할지라도 어떤 자원이 있음을 발견하게 되면, 그것을 통해 치료적인 방법들을 고안할 수 있다. 이번 세션의 경우, 내담자에게 있는 예술성, 힘든 가운데 대학 졸업, 젊음과 예쁜 외모 등을 상기시켜 치료 효과를 얻을 수 있다. 이 모든 것들이 어디에서 왔는지를 물어 부모로부터 받은 귀한 자원임을 알게 하고, 자기보다 못한 사람들에 비해 자신에게 있는 것이 얼마나 가치가 있는지, 고로 자신이 얼마나 가능성이 있는지를 확인시켜 주는 것이다. 즉 내담자를 잘 관찰하여 내적인 자원을 찾아 확장시켜 주는 것이다.

어떠한 움직임도 치료적인 목적과 의미가 있음을 분명히 알아야 한다. 점프를 왜 하는지, 점프는 아주 본능적이고 자연적인 움직임이다. 하늘로 솟았다 땅으로 떨어지고, 돌고 뛰고, 아주 순수한 아이로 돌아가는 것은 내담자에게 자기를 느끼게 할 수 있으며, 내면의 힘을 느끼게 하는 좋은 움직임이다. 자기의 소리로 노래를 부르는 것 역시 그렇다.

3) 질문에 대한 수퍼비전

Q 세션 진행 중 내면의 부정적인 상태를 경험할 때 내담자에게 감정의 폭발이 일어난다면 어떻게 홀딩을 해야 하나?

A 바운더리가 중요하다. 감정의 폭발이 일어날 수 있다. 감정을 느끼고 머물게 하고 양면적인 것을 찾아주라. 어떠한 부정적인 것이 올라와도 반드시 긍정적인 것을 찾게 하라. 일례로, 이 세상에는 의지할 수 있는 사람이 없을 만큼 힘든 이들도 있다. A를 얘기하면 A 뒤에 숨어 있는 긍정적인 것을 찾아주라.

4) 수퍼비전 후 치료자 성찰

임상 세션의 구조나 치료목표, 계획 구성의 면밀한 물음과 함께 심리치료적인 부분에 대한 더 깊은 고찰이 필요하다. 내담자에게 심리치료의 메테리얼이 신체와 정서를 통합하여 치료 움직임으로 연결되도록 집중하여 준비해야겠다. 회기를 거듭할수록 내담자의 삶이 개선되고 자신에 대한 신뢰감을 가질 수 있으며, 관계가 회복되어 행복하고 평안해질 수 있다면 얼마나 좋을까.

내담자와의 첫 만남 이래 마지막 회기를 마칠 때, 문득 이런 마음이 떠오른다.

힘든 수술 후 회복한 환자를 바라보는 기분. 오랜 산고 끝에 태어난 아가의 모습을 바라보는 모정. 각고의 노력으로 집필한 작가의 수고와 같은 만감이….

[사례 2] 폭력 가정 아동의 불안 감소, 자존감 향상 DMP

- 개인 치료에서는 투사, 전이와 역전이 현상이 반드시 일어난다. 치료사가 스스로 투사와 전이와 역전이를 잘 알아차리는 것이 중요하다.
- 무용동작치료는 정서치료로, 움직임 안에 심리치료적 요소들을 가지고 접근한다.
- 내담자의 불안, 몸의 중심이 없는 상태, 그리고 어색해함을 어떻게 움직임으로 이끌 수 있을까를 생각해야 한다.
- 심리치료적인 개입 전에 내담자와 신체 이완, 밀고 당기기 등을 시행한다는 것이 중요하다.
- 동영상을 보면 내담자가 팔을 들어 겨드랑이에 공간을 주지 않고 두 팔을 길게 늘어뜨린 상태다. 기쁨을 드러내는 움직임에서는 팔은 위로 향하고 겨드랑이에 공간이 생기며 움직인다. 심장보다 위에서 팔의 움직임이 있다.
- 호흡과 스트레칭 시간은 내담자 상태에 따라 조절이 필요하다.
- 지금 내담자의 경우 움직임과 함께 소리를 내게 도와주는 것이 필요하다. 자신의 주장을 하게 도와줄 필요가 있다.
- 풍선과의 신체 접촉에서는 신체 부위를 부르면서 움직임을 하는 것뿐만 아니라, 풍선이 터치되는 신체 부위를 말하는 것도 가능하다.
- 시작 때는 불안했던 내담자의 자세가 세션 마지막에서는 어느 정도 편안함을 느끼고 변화를 가져온 것으로 보인다.
- 정서 상태를 표현하게 도와줄 필요가 있다. '힘이 없을 때' 어떻게 하는지 움직임으로 표현하고, 미러링을 함께해 볼 수도 있다. 아버지의 폭력에 대해, 화에 대해, 치료시간에 감정을 표현하게 한다. 슬픔, 외로움, 고통뿐만 아니라, 행복할 때 기쁠 때의 감정도 함께 다루어서 힘이 되게 한다.
- 세션 초기에 주 호소 문제, 환경에 대한 이해와 자원을 찾아 긍정성을 확대할 수 있는 정보가 필요하다. 자신이 좋아하는 것, 하고 싶은 것, 내 편은 누구인지, 좋아하는 것은 무엇인지 등을 파악한다.

- 신체 인식을 도와주기 위해서 눈은 무엇을 하는지, 손으로 무엇을 하는지, 발이 화날 때 어떻게 하는지 등, 박자를 주고 움직임으로 표현해 볼 수도 있다. 신체를 감정과 이어서 표현하게 돕는다.

1) 수퍼비전 후 성찰

- 그룹일 경우, 내담자들의 수준이 달라서 균형 잡기가 힘들 때, 그들 안의 불만 요소들과 감정들을 읽어 줌으로써 존중받는다는 것을 느끼게 하고, 서로의 다름을 인식하게 하는 기회를 만들어주는 것이 필요하다.
- 무용동작치료는 정체성, 관계성, 고유성을 찾아주고, 에포트 요소들을 이용하여 내담자가 평소 생각하고 움직이는 패턴에서 시각과 움직임을 바꾸어서 자신을 만나게 해 주는 것이 치료적 방향성의 변화이다.
- 동작 관찰 분석 이론들을 바탕으로 방향, 시간, 공간들을 잘 활용하면 다양한 움직임이 없는 그룹들을 움직이게 도와줄 수 있다.
- 치료사는 움직임에 대한 제시를 명확하게 잘 전달해야 한다.

초기 임상 세팅의 중요성: 대상자 확정, 공간, 시간, 보조치료사, 몇 회기를 진행할 것인가를 분명하게 하고 시작해야 한다. 분명하게 해도 또 변수가 생기는 게 임상이다. 초기 세팅이 잘 되어 있지 않으면 임상이 안정적이지 못하게 된다. 문제가 생기면서, 뭔가 분명하게 방향 잡지 못하고 시작되었기 때문에 끝날 때까지 계속 문제가 되는 것이다.

[사례 3] 성인 조현병 그룹 치료 수퍼비전

'왜 저렇게 무기력할까? 왜 저렇게 방어기제가 높을까? 왜 저렇게 튈까?' 세션 진행 중 종종 이런 생각에 사로잡힐 때가 있다. 오늘 ○○ 정신병원에서 한 환자가 세션 내내 불쑥불쑥 끼어들어 나의 말을 방해하고, 다른 여성 환자의 손을 잡는 등 빈번하게 신체 접촉을 시도했다. 그래서 자리 배치를 바꾸고 중간에 간호사를 투입하는 등의 환경적 개입을 했다. 그러나 나는 그의 내면을 이해하지 못했다. 세션을 마친 후 간호사가 정보를 제공해 주었다. 내일이면 퇴원 날인데 어머니는 돈만 보내오고, 전화해도 연락조차 닿질 않고 있다고. 그토록 퇴원을 기다리는데, 혹시 퇴원을 하지 못할까 봐 불안한 마음이 그 속에 있었음을 그제야 깨달았다.

치료사는 신체 언어를 보고 내면의 정서를 읽을 수 있어야 한다. 그날 그가 시도했던 신체 접촉의 질이 평소와 매우 달랐는데(기대고, 치대고, 체중을 싣고 등), 왜 나는 그것을 보지 못했을까. 저런 불안한 모습이 내 속에도 있을 텐데, 세션을 방해한다고만 생각하고 통제하려 했으니 어찌 좋은 치료를 할 수 있었겠는가. 돌아오는 길에 동료 선생님과 얘기를 나누며 좋은 치료사라면 어떻게 했을까를 생각했다. 아마 그 불안한 마음을 다루어 주지 않았을까. '저게 나다'라고 생각했다면, '나도 저런 때가 있었을 텐데'라고 한번만 생각한다면, 그렇게 그와 나를 분리하지만 않았더라도…. 환자들을 대하며 그들과 내가 다르다는 오만함이 아직도 내 속에 있음을 발견한다. 겸허함으로 나를 돌아보게 된다.

[사례 4] 자폐아 바운더리 수퍼비전

- 바운더리에 대한 이슈를 명쾌하게 정리해주었다. 타인의 경계도 존중해야 하고, 내 경계도 편안하게 오픈해야 한다고. 그런데 우리는 종종 내 바운더리를 높게 쳐서 타인이 전혀 들어오지 못하게 하거나, 아니면 바운더리가 아예 없어 아무렇지도 않게 남의 바운더리에 침범하고, 내 바운더리도 함부로 허락하는 우를 범한다. 그것도 내 감정에 따라….
- '무용동작치료사는 자폐아 아동의 영혼의 언어를 배우는 사람이다.' 그런데 종종 치료사는 그들에게 세상의 언어를 배우라고 하고, 그래야 이 세상을 살아갈 수 있다면서 그들을 바깥세상으로 끌어낸다고 했다. 자폐아의 특성이 자기 안에 있는데, 이들에게 세상의 언어를 정상적으로 가르치려니 실패하는 것이다. 사람마다 각자의 언어가 있으며, 치료사는 그 영혼의 언어, 곧 몸의 언

어를 배우는 사람이다. '먼저 치료사가 그 안으로 들어가서 그의 언어를 배우고, 같이 손잡고 바깥으로 나와야 한다'는 수퍼바이저의 이 말은 얼마나 나를 부끄럽게 했는지 모른다.

종종 일반인들도 세상과 담쌓고 사는 자폐 증세를 보인다. 이들은 에너지가 안으로 들어가 있어서 좀체 바깥으로 안 나온다. 한 대상자의 말이 떠오른다. 종일 침대에 달라붙어 있었노라고, 한 달 만에 처음으로 침대에서 떨어져 여길 왔다고…. 그때도 나는 이들의 언어를 채 읽기도 전에, 저쪽에 활기차고 재미있고 역동적인 세상이 있으니 건너가 보자면서 팔을 끌었었다. 내 에너지를 공급해 주려고, 우울한 에너지를 바꾸어 주려고, 활력을 부어 주려고 애썼었다. 다음날, 그는 나타나지 않았다. 본 세션의 진행자 속에 적나라한 나의 모습이 있었다.

나는 내내 대상자들을 건성으로 지나쳤다. 쳐다보고 있지만 초점을 맞추지 않았고, 반응하지만 진정성이 없고, 말은 하지만 소통이 없다. 처음부터 끝까지 유지되는 동일한 목소리 톤, 속도, 세기는 기계음처럼 들려 답답하다. 차라리 화라도 냈으면 좀 더 사람다워 보이지 않을까 하는 생각이 들 정도로….

그동안 대상자의 움직임을 이끌어 내는 데만 정신이 팔렸었다. 그것으로 어떻게 세션을 시작하고, 확장하고, 마무리할지. 그러느라 정작 움직임 속에 묻어 있는 정서는 제대로 파악 못 하고, 흘려보내고, 세션에 활용 못 했다. 이러니 몸의 움직임만 있었지 정서의 소통은 없고, 진정한 자발성이 없었던 것이다.

이것은 치료사의 핵심적인 정서와 관련이 있다고 수퍼바이저는 말했다. 나의 핵심적인 정서는 조급함이다. 그 조급함은 세션 곳곳에 나타난다. 원하는 결과를 얻기 위해 조바심을 낸다든지, 에너지가 약해서 자발성이 거의 없는 내담자를 보면 답답해하면서 내 식대로 끌고 간다든지, 기다리지 못하고 내가 먼저 해버린다든지, 대상자들의 감정을 돌아볼 여유가 나에게 없었던 것이다. 내적 감정의 에너지 자체가 나에게 부족한 것도 사실이다. 옳고 그름이 분명하며, 주도적이고, 이성적이며, 목표지향적인 성격이 정서에 초점을 맞추는 것을 방해하기도 한다.

특히 '치료란 그 사람 안에서 내 존재가 발견되는 것'이란 말은 감동이었다. 대상자의 존재는 희미하고 치료사의 존재는 뚜렷하고. 이게 내 모습이다. 그 확고한 존재감은 대상자의 존재적인 표현을 방해하게 된다. 치료사가 그들 속으로 스며들수록 대상자의 존재감이 뚜렷해짐을, 그때 비로소 자발성과 창의성이 최고로 올라갈 수 있음을 나는 종종 놓친다.

[사례 5] 애착 문제 세션 수퍼비전

애착 관계 형성에 문제가 있는 내담자들을 종종 만난다. 어린 시절로 퇴행하는 경험을 제공해야 한다고 하는데, 도대체 어떻게 하는 것인지 감조차 오지 않았다.

안아 주는 환경을 만들고, 놀이할 수 있게 부드러운 천을 가지고 덮어 주는 등, 엄마가 아기에게 하던 신체 접촉을 제공할 수 있는 안전하고 따듯한 환경.

특히 치료 공간이 '매직 공간'이라는 말, 참 흥미로웠다. 치료사가 마술사처럼 한순간 시간을 거꾸로 돌려 어린 시절로 돌아가게 할 수도 있다니! 칭얼댐과 떼씀과 어리광과 치댐과 장난질 등 모든 것이 허용되는 공간! 만나고 싶었던 정서적 엄마를 거기서 만날 수도 있고, 온종일 땀을 삘삘 흘리며 신나게 놀 수도 있고, 아무것도 하지 않는 게으름뱅이가 될 수도 있는 곳. 그 매직 공간에서 대상자는 아이가 되어보고 아이다움을 표현한다.

어른의 옷을 입고 있지만 내면이 결핍된 아이, 울고 있는 아이가 참 좋은 엄마인 치료사에 의해 마음이 채워지고 다독거려진다. 그 속에서 대상자는 아이처럼 행동하며, 아이답게 행동하고, 아이로서 만족해하면서 다시 어른으로 돌아온다. 그것은 마술임이 틀림없다. 그 동화 같은 공간을 제공하는 치료사는 좋은 치료사이다.

치료사가 매직 공간에서 제공할 수 있는 것들에 대한 좋은 통찰을 얻은 시간이었다. 한편, 애착에 문제가 있는 대상자들을 내가 다룰 수 있을까 염려된다. 나 자신이 애착을 형성해야 할 시기에 엄마와 떨어져 지냈기 때문이다. 그런데도 발을 내디딜 수 있다고 생각하는 것은 자연인 나로 돌아가 웃고, 떠들고, 춤추고, 움직이고, 터치하고, 지지받으면서 어른으로 성장해 가고 있기 때문이다.

[사례 6] 강박 성향 아동 그룹 수퍼비전

바닥에 마스킹 테이프를 부치는 데 너무 많은 시간을 보낸 것 같습니다.

'대상그룹의 특성이 뭐죠? 강박 성향 아동들인데, 도로 측량하듯 만들어놓은 좁은 길을 따라 걷게 하는 것이 이들에게 무슨 도움이 될까요? 아동들이 아무 느낌 없이 걷는 게 보이나요?'

'길도 여러 길이 있죠. 타원, 지그재그, S자, 등등. 공간 움직이는데 아주 천천히, 몸을 최대한 올리면서, 낮추며, 한발로 등 변화를 주고, 공간에서 몸이 어떻게 변하는지, 옆으로, 빨리, 느리게, 나비처럼, 제트기처럼, 두 사람이 같은 길에서 만나 인사하기….'

끝도 없이 이어지는 창의성과 다양성에 내 머리가 정신없이 흔들렸다. 마무리 한마디 '길을 비켜주는 건 배려요, 공간 레벨 바꾸어 주면 공간에 대한 인지가 되죠.' 어느 순간 목적지에 도착해 있다. 감탄이 절로 난다. 이 끝도 없는 창의성의 원천은 무엇인가? 치료사의 강박감이 결국, 내 속에 있는 경직성과 고정성이다. 이후부터 나는 틈만 나면 양손, 손가락, 손목, 머리 등 다양한 신체 부위를 이용해서 끝도 없는 움직임을 만들어본다.

평생을 책임지고 사는 사람도 있는데, 겨우 1주일에 1시간 만나면서 소외시키고 '저 환자 안 들어왔으면 좋겠다'고 생각한다고. 정말 맞는 말이다. 치료사들끼리 종종 하는 말이다. '오늘 그 환자 안 와서 세션 너무 좋았어.' 바로 대상자가 문제라는 말이다. 안 들어오길 은근히 기대했다는 뜻이기도 했다. 자신의 문제를 대상자에게 투사하지 않아야 한다.

[사례 7] 학교 부적응 아동 그룹 수퍼비전

한 아이가 뇌전증으로 쓰러졌다. 이번에도 나는 정서를 놓쳤다. 수퍼바이저는 쓰러진 아이와 나머지 아이들의 정서를 정확히 읽었다. 쓰러진 아이의 수치심과 두려움을, 나머지 아이들의 방관, 무시, 회피를. 이 복잡한 정서들이 얽혀있는 공간이 치료사에 의해 공감의 장, 회복의 장, 치유의 장으로 전환될 수 있음을 짧은 순간, 구체적으로 보여주셨다. 이 상황 자체를 세션으로 활용하면서, 참여를 권하는 부드러운 말과 따뜻한 위로의 말, 열심히 역할을 감당해준 것에 대한 격려의 말, 정서에 대한 공감의 표현들, 어느 순간 공간은 온기로 가득 찼다. 생각만 하는데도 가슴 뭉클한 아름다움이 올라왔다. 아, 이게 치유구나. 이게 치료사의 역할이구나.

무용동작치료사면서 종종 놓치는 게 동작 관찰이다. 방향도 없고, 무게도 없고, 공간도 없고, 타임도 없고, 정확한 지점도 없다고 말씀하셨다. 신체 조절이 무엇인가를 수퍼바이저는 직접 움직임과 언어로 보여주셨다. 위로, 아래로, 방향이 없으면 방향을 바꾸고, 앞으로 여섯 걸음, 뒤로 여섯 걸음, 내 몸을 위로 가장 길게 해서 가볼까? 내가 가고 싶은 방향 가볼까? 뒤로 가볼까? 멈추기, 차분해진다, 낮게 가볼까? 바닥으로 기면서, 어디 한 점을 볼까? 그 점 하나만 보자, 내가 최대한으로 슬로비디오 영화를 찍는다고 생각하면서, 바로 앞의 점을 보자. 가장 천천히 가볼까? 더 천천히, 이 공간에서 그 점만 가장 커지게, 더 천천히, 누가 제일 천천히 가나? 그 점과 내 손가락과 만나자. 더 천천히, 누가 더 천천히 할 수 있을까? 계속 움직이지만, 더 천천히 가자.

다양한 신체 조절 움직임-방향, 공간, 타임, 지점이 이 속에 다 들어있다. 이래서 동작 관찰이 그렇게 중요한 것인데, 여기서 치료계획이 나오는데, 어느 날은 보이고, 어느 날은 안 보인다.

10장
대상자별 임상실제 DMP

가족해체 · 한부모 가정 아동을 위한 DMP

1. 서론

한부모 가구의 형성 원인은 사별, 이혼, 미혼모, 미혼부 등으로, 이런 가구가 형성되는 비율이 점차 높아지고 있다. 그러나 부정적인 사회적 통념과 인식이 가족해체는 물론, 한부모와 자녀에게 사회적 위축, 열등감 등 부정적인 영향을 미치며 심리적으로 많은 어려움을 주고 있다. 이러한 가족해체 · 한부모 가정 자녀들은 부모로부터 정서적 · 신체적으로 충분한 보살핌을 받지 못하고, 가족해체로 인한 한부모에 대한 상실감과 더불어 양육을 맡고 있는 한부모와의 관계에서도 불안함과 심리적 갈등을 겪는 등, 정서적 문제가 가족해체 · 한부모 가정의 중요한 문제로 나타나고 있다.

무용동작치료[DMP]는 상징, 은유, 이미지를 사용하여 신체적 · 정신적 건강을 치유하고 회복하기 위해 예술 창작 과정을 활용하는 것으로, 삶에서 도전을 경험하는 가족해체 · 한부모 가정 아동들에게 창의적 예술 과정 안에서, 반응과 반영을 통해 자신과 타인에 대한 긍정적 정서와 인지 능력을 향상시키며, 자신의 고유성과 창의성을 발견하게 한다.

본 연구는 전문적인 무용동작치료 프로그램 모형을 연구 개발하고, 이를 적용하여 아동에게 창의적 신체 움직임과 다양한 예술 경험을 통한 긍정적 정서 경험과 친밀한 상호 교류의 기회를 제공함으로써 신체 · 심리 · 정서 사회적 통합을 충족시키고, 또래 관계 증진 등 심리사회적 적응력 향상을 도모하는 한편, 가족과 아이가 함께하는 통합적인 무용동작치료 프로그램을 통해 아동의 자존감 향상과 관계성, 창의성, 긍정적 정서 향상에 영향을 주고자 하였다.

2. 연구 목적

1) DMP를 통한 가족해체 · 한부모 가정의 부모와 아동의 자존감 향상과 삶의 질 향상
2) DMP를 통한 가족해체 · 한부모 가정 아동의 긍정적 정서, 신체, 사회성 발달
3) DMP를 통한 가족해체 · 한부모 가정 아동의 분노, 공격성 등의 부정적 감정 해소
4) DMP를 통한 가족 이해 및 가족 내 결속력 강화와 가족관계 향상
5) DMP를 통한 사회 정서적 지지와 아동의 자존감, 대인관계, 창의성 향상

3. 연구 방법

1) 연구 대상

본 연구에 참여하는 대상은 서울 변두리 지역 아동복지센터를 이용하고 있는 가족해체 · 한부모 가정, 수급권자 가정, 하위계층 등 16명(8~12세)의 사각지대 요보호 아동들과 그 양육자로 구성되었다. 아동 대부분은 편모, 편부, 조모, 조부 등이 양육자 역할과 경제활동을 해야 하는 상황으로, 양육자의 밤늦은 시간 귀가 등으로 가족 간 대화나 정서적 교류가 매우 부족한 형편이었다. 또한 식사나 학습지도 등 적절한 보호와 양육이 가정에서 이루어지지 못하여 아동들이 대인관계 형성이나 사회적응에 있어 많은 어려움을 겪고 있었다. 특히 자신의 감정을 잘 조절하지 못하고 우울해하거

나 때론 매우 공격적인 모습들도 보이고 있었고, 불안과 주의력 결핍 등 심리정서적인 어려움을 갖고 있기도 했다.

또한 대상자들은 대부분 취약한 경제적 · 사회적 · 환경적 요인에 의해 가족이 아닌 아동시설의 소수 담당자가 급식과 학업, 또래 관계 등을 일괄 관리함으로써 개별적 상태를 전혀 돌볼 수 없는 아동들이다. 게다가 정서적 · 신체적으로 양질의 보호나 돌봄의 상황에 놓여있지 않은 대상들로, 문제 행동이 많이 발생해 학업, 또래 관계, 학교생활 등에서 어려움을 겪고 부적응 양상을 보이고 있다. 따라서 치료적 접근이 시급한 대상이다. 그런 이들을 중심으로 수혜 대상 기관에서 의뢰한 16명의 아동과 그 한부모들을 연구에 참여시켰다.

2) 연구 도구

- 대상자 특성에 맞는 DMP 프로그램
- 자존감 검사, 자기 개념, 정서 척도
- 동작 관찰 분석연구
- 참여자 및 기관 만족도
- 아동, 양육자 인터뷰

3) 자료 분석

자료 수집된 데이터는 SPSS12를 이용하여 인구학적 변인과 프로그램의 효과검증을 위해 사전검사와 사후검사 간의 평균 차이를 검증하였다.

4. 가족해체 · 한부모 가정 아동을 위한 DMP

1) 단계별 전략

(1) 적응 및 탐색 단계

프로그램에 대한 적응과 치료적 환경에 대한 탐색 및 또래 관계에서의 친밀감 형성, 치료자와의 신뢰감 구축 등 프로그램에 안정적이고 흥미롭게 참여 의지를 가질 수 있도록 하는 단계이다.

대상자들은 특히 또래 관계에 예민하게 반응해 이것이 프로그램 참여 태도에도 큰 영향을 주게 되므로 서로 간에 탐색할 수 있는 시간을 주도록 한다. 또한 신체 각 부위를 활성화시키고, 신체 인식의 범위를 확장시키고 구조화하며 몸의 감각을 일깨울 수 있도록 한다.

(2) 자기표현 단계

다양한 감각적 자극과 자기 감정에 집중할 수 있도록 지원하여 자기표현을 이끌어 낸다. 감정 이입된 표현들은 언어적 표현으로도 발전시켜 주고, 자신의 감정에 대한 인식과 표현을 발전시킨다. 다양한 자기표현 경험은 자신의 내부 세계에 접근할 뿐만 아니라, 정서적 에너지를 방출하게 해주고 정서적 의사소통 능력을 향상시키게 된다. 자신을 표현하는 것, 자기 경계를 갖는 것, 타인과 관계를 맺는 것은 정서적 상호작용을 통해 이루어지는데, 이러한 것이 원활하지 않으면 자아개념에도 부정적 영향을 미치게 된다.

특히 가족해체 · 한부모 가정 아동 중에서 부모나 가족과 함께하는 시간을 많이 갖지 못하는 대상은 정서적 미숙함을 나타내는데, 이는 대인관계에도 영향을 주게 되므로 자기 감정 인식이나 표현 등은 사회성 발달 단계로 나가기 전에 매우 중요하게 다뤄져야 한다.

(3) 사회성 향상 단계

학령기 아동들은 사회적 반응에 근거해 자아개념을 형성하게 되므로 또래 관계는 매우 중요하게 다뤄져야 한다. 특히 가족보다 학교, 보호기관 등에서 또래와 보내는 시간이 많기 때문에 또래와의 안정된 관계를 유지하는 데는 긍정적 상호작용 경험이 중요하며, 이는 사회성 발달에 영향을 주게 된다.

또한 사회적응, 즉 학교, 또래와의 적응 실패와 좌절은 대인관계 문제뿐만 아니라, 자존감을 저하시키고 과도한 긴장, 불안, 분노 등이 나타날 수 있으므로 집단을 결속하고 상호지지체계를 형성할 수 있도록 한다.

(4) 자기 통합 단계

자신에 대한 긍정적 자원을 찾고 소중함을 인식함으로써 긍정적인 자기 인식을 형성하게 하며, 자신과 타인의 수용 등 통합적인 인식을 가질 수 있도록 한다. 또한 부모와의 프로그램을 구성하여 부모와의 애착 관계를 확인하고, 대상자들이 충분한 심리적 지지를 확인하고 자신감을 회복할 수 있도록 한다.

동작과 예술 매체를 통해 공감각적인 경험을 제공하는 한편, 무용동작치료가 가진 정서적 접근을 통해 신체조절, 감정조절, 관계성, 긍정적 표현력을 향상시키고자 한다. 무용동작과 함께하는 예술 매체의 동시적 · 유기적 연결을 통해 선입견이나 어색함을 가지고 있었던 아동들에게도 편안하게 시작할 수 있는 지점을 제공하고자 하였다.

2) DMP 단계별 과정

단계	대상자	무용치료사
적응 및 탐색 단계(1~3세션) • 라포 형성 — 그룹과 개인별 신체 터치, 신체 인식	• 친밀감 형성 • 몸의 소리 — 소리 내는 몸 (안으로-밖으로) • 에너지 발산과 그룹 역동 발전, 방어, 공격성 • 자기 공간과 일반 공간 인식 • 관계 형성 진행	• 소리와 신체 에너지의 발산과 조절 인식 • 무기력함과 의존증, 긴장감 감소를 위해 호흡과 부드러운 터치놀이 • 스판 천을 이용한 안정감, 친밀감 도움
자기표현 단계(4~8세션) • 신체를 통한 공간 인식 • 정글짐 만들기와 공간 인식 • 동물 춤으로 감각 열고 표현 • 오션 드럼과 바다 이미지 연상 • 즉흥연주와 다양한 감정 표현 • 그룹 벽화를 통한 감정 표현 • 가면 만들기와 성격 표현	• 음악을 통한 이미지 연상 • 신문지를 이용한 정글짐 만들기 • 잠재된 나약함, 수치심에 대항하는 강함과 공격성, 우울증을 유발하는 감정에 중점 • 친밀성과 안정성 증가 • 자신의 동작에 대한 잠재성을 탐험 • 나무 이미지를 이용한 공간 레벨 변화 — 주도성 • 감정 인식이 나타남, 그룹 안에서 자신을 전달하는 방식 • 놀이 속에서 상상력을 발견	• 좌절감을 해결하는 자원 찾기 — 지지와 격려 중심 • 긍정적 피드백 • 정글짐 과정 및 만들기 과정에서 보인 집중도와 움직임 연결의 호감 • 자신만의 움직임 방법 자각하도록 격려 • 신뢰감 구축, 갈등이 없는 영역 만들어주기 • 독립적 공간, 의존성 부각 습관적 무리 짓기 변화 • 상호보완적 형태 나타남 — 자아존중감 향상
사회성 향상 단계(9~12세션) • 신체 인식, 자기 인식, 몸 탐험 • 우리 마을 지도 만들기 • 나의 장점과 단점 • 나의 생각과 자유 연상 그림과 움직임 • 나와 가족 — 나의 비밀	• 신체 부분 움직이기, 몸의 형태 변화 • 골목길 탐험 움직임 • 돌아가면서 하프를 연주하고 자신의 장점 · 단점 내어놓기 • Body awareness, Body image 형성으로 온전함(wholeness)을 자각 • 움직임과 eye-contact을 통한 가족 간의 상호작용과 나의 비밀	• 신체의 한 부분을 석고붕대로 감고 느낌과 감정 표현하기 • OHP 필름 응용, 골목 풍경 호기심 유도 • 긍정적 자긍심을 높이는 칭찬과 안정구도 • Movement empathy, Mirroring으로 아이들의 즉흥과 상상, 발상을 따라 감정적 상호작용 경험 • 개별적 음악과 동작 선물 바라보기, 듣기
자기 통합 단계(13~15세션) 분리 단계 • 긍정적 상호작용 • 가족텐트작업을 통한 나와 세상 • 정서 선물	• 그동안의 체험과 발전에 연결한 긍정적 이미지 찾기 • 가족 서로에게 긍정적인 터치와 메시지 주기 • 타인에 대한 공감과 소통의 감정 표현 • 대인 관계적인 자각과 확산 (de-centering)	• 성장과 모순과 두려움을 공유하는 능력 향상 • 가족텐트작업을 통한 보호와 양육의 개념뿐 아니라, 자신에 대한 정체성 향상과 상호작용 상승 • 성취감, 소망, 즐거움의 상징 제공

5. 결과

1) 자존감 검사

헤어Hare(1985)가 개발한 아동용 자존감 검사Hare Self-Esteem Scale를 송수지(1999)가 번안한 것을 사용하였다. 이 검사는 또래집단에서의 자존감, 가정에서의 자존감, 학교에서의 자존감, 이렇게 3개의 하위 영역으로 구성되어 있으며, 각 하위 영역당 10문항씩 총 30문항으로 이루어져 있다. 각 문항은 (1) 전혀 그렇지 않다, (2) 약간 그렇지 않다, (3) 그렇다, (4) 매우 그렇다, 4단계 평정 척도로 되어 있다. 부정적인 문항은 점수를 역산하며, 점수가 높을수록 자존감이 높은 것을 의미한다.

하위 영역	문항수	문항번호	역코딩 문항
또래집단에서의 자존감	10	1~10	2, 4, 6, 8, 10
가정에서의 자존감	10	11~20	12, 14, 18, 20
학교에서의 자존감	10	21~30	23, 25, 27, 29

성별 분석

구분	인원	비율
남자	4	33.3
여자	8	66.7
전체	**12명**	**100.0%**

이 검사 프로그램에는 초등학생 16명(남자 8명, 여자 8명)이 참여하였으나, 불성실한 응답자 3명과 사후검사만 실시한 학생 1명을 제외하고 자료를 분석하였다. 분석에 사용된 피험자는 초등학생 남학생 4명(33.3%), 여학생 8명(66.7%)이었다.

학년별 분석

구분		인원	비율
학년	2학년	3	25
	3학년	3	25
	4학년	3	25
	5학년	2	16.7
	무응답	1	8.3
전체		**12명**	**100.0%**

피험자의 학년별 분포는 2학년이 3명(25%), 3학년이 3명(25%), 4학년이 3명(25%), 5학년이 2명(16.7%), 무응답이 1명(8.3%)이었다.

자존감 전체와 하위변인 간의 상관관계(N=12)

구분	전체	또래	가정	학교
전체				
또래	.85*			
가정	.83*	.60*		
학교	.71**	.38	.37	

*p<.05, **p<.01

자존감 전체와 각 하위변인 간의 상관 분석 결과는 위 표와 같다. 자존감 전체와 또래에서의 자존감은 r=.85(p<.05), 자존감 전체와 가정에서의 자존감은 r=.83(p<.05), 자존감 전체와 학교에서의 자존감은 r=.71(p<.01)으로, 유의미한 수준의 상관관계를 가지고 있는 것으로 나타났다. 이는 자존감 전체가 높을 때 또래와 가정과 학교에서의 자존감 역시 높다는 것을 의미한다.

또한, 또래와 가정에서의 자존감은 유의미한 정적 상관(r=.60, p<.05)을 가지는 것으로 나타났다. 이는 가정과 또래 관계는 친밀도가 높은 관계로서 또래에서의 자존감이 높은 학생은 가정에서의 자존감 역시 높을 수 있다는 것을 의미한다.

반면 학교에서의 자존감은 또래(r=.38)와 가정(r=.37)에서의 자존감과는 유의미한 상관이 없는 것으로 나타났다. 학교라는 범주의 관계는 가정과 또래보다는 덜 친밀한 수준을 의미하는 것으로 생각된다. 또래에서의 자존감이 높은 학생이 학교에서의 자존감이 반드시 높은 것은 아니며, 반대로 또래에서 자존감이 낮은 학생이 학교에서의 자존감이 반드시 낮은 것을 의미하는 것도 아니라는 것이다.

자존감 사전 · 사후 평균 차이 검증(N=12)

구분		M(평균)	표준편차	t	P
자존감	사전	42.67	7.70	-.46	.65
	사후	43.75	7.87	-.46	.65

*p<.05

위의 표에서 보는 것처럼 자존감 검사의 사전검사와 사후검사의 평균 차이 검증(r=-.46)은 통계적으로 유의미하지 않은 것으로 나타났다. 그러나 사전검사(M=42.67)와 사후검사(M=43.75) 간의 평균 차이를 살펴보았을 때는 사전검사에 비해 프로그램을 실시한 이후에 한 사후검사의 자존감 점수가 상승하였음을 알 수 있다. 즉 DMP 프로그램이 자존감 향상에 효과가 있는 것임을 알 수 있다.

가장 큰 변화를 보이는 하위 영역은 학교에서의 자존감이었다. 막대그래프를 통해 평균 차이를 비교하면 다음과 같다.

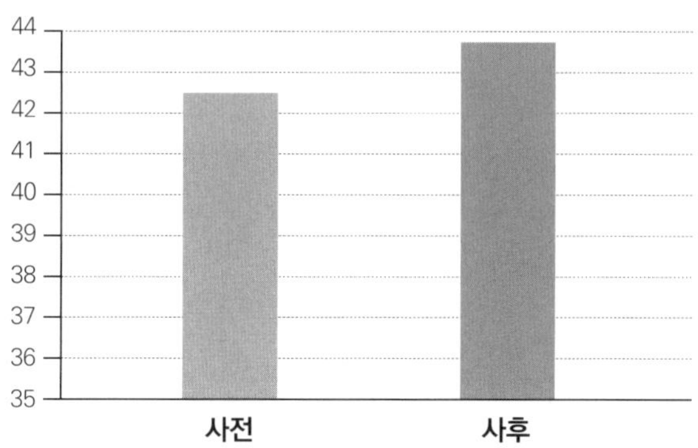

자존감 사전 · 사후 평균 차이

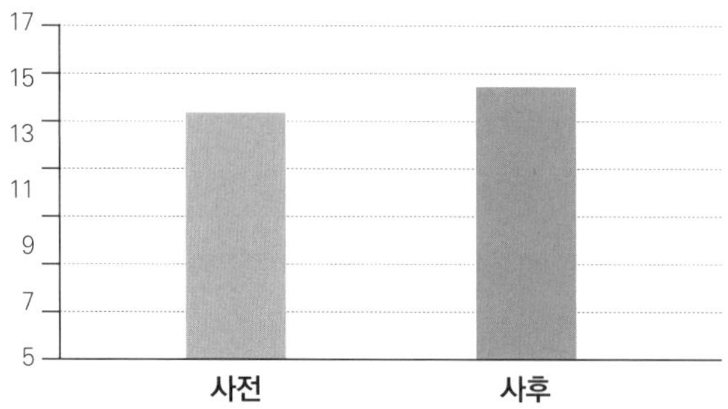

학교에서의 자존감 사전 · 사후 평균 차이 비교

위 그래프를 보면, 학교에서의 자존감 사전검사와 사후검사 간에 차이가 있음을 알 수 있다. 이는 DMP 프로그램이 학교에서의 자존감 향상에 많은 도움을 주면서 그동안 아동의 자존감 저하로 인해 초래된 학교 부적응 등의 문제들을 완화하고, 긍정적 효과가 있는 것으로 나타났다.

2) 무용동작 관찰 분석 평가

무용동작 관찰 분석지는 프로그램으로 인한 움직임 변화를 측정하기 위한 도구로서, 아동의 사전 · 사후 움직임 관찰 및 분석을 통해 아동의 심리적 · 신체적 변화를 평가하기 위해 연구자가 개발하였다.

무용동작 관찰 분석지의 4개의 주요 카테고리는 신체, 움직임, 자아형성 · 창의성 · 표현력, 관계성으로 나누어지며, 5점 척도로 이루어진 총 20문항으로 구성된다.

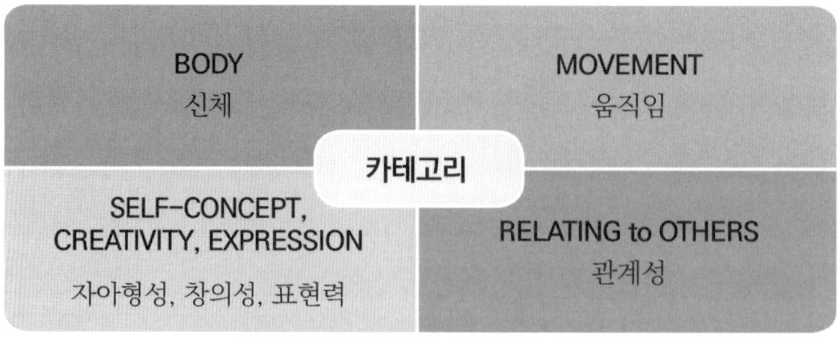

무용동작 관찰 분석 주요 4개 카테고리

무용동작 관찰 분석지 평가기준표

평가 범주	평가기준	비고
신체	• 신체 전체의 균형을 보는 것으로, 척추 중심으로 신체 정렬의 상태를 점수화한다. 정렬은 앞으로 굽은 상태나 뒤로 과신전 상태는 낮은 점수에 속하고, 바른 정렬에 높은 점수를 준다. • 신체 에너지 수준, 협응, 신체 균형 등을 평가하고, 협응력은 사지의 자연스러운 협응 정도를 평가하고 높은 점수와 낮은 점수로 평가한다. • 움직임 자세와 태도, 자기공간사용 정도를 평가하고 좁으면 낮은 점수를, 확장되면 높은 점수를 준다.	
움직임	• 공간, 시간, 무게, 흐름을 체크하여 움직임을 질적 평가한다. • 공간은 환경에 대한 태도를 보기 위한 것으로, direct는 낮은 점수, indirect는 높은 점수를 준다. 시간은 의지를 나타내며 빠른 움직임은 낮은 점수, 느린 움직임은 높은 점수를 준다. 무게는 강하거나 무거우면 낮은 점수를, 약하거나 가벼우면 높은 점수를 준다. 흐름은 통제되거나 경직되면 낮은 점수를, 이완되거나 자유로우면 높은 점수를 준다.	움직임의 질적 평가로 사용
자아형성 창의성 표현력	• 센터링(무게감), 음악 자극에 대한 반응, 창의적 반응, 표현적 능력, 자발적 능력 정도를 평가한다. • 센터링(무게감)은 신체의 중심 부분에 얼마나 힘이 실려 있는지, 바닥을 얼마나 굳게 딛고 섰는지(grounding)를 평가한다. 인지적 능력과는 달리 음악 자극에 대한 반응이나 표현 능력이 뛰어난 경우가 있으므로 강사는 여러 자극을 제공하고 그에 대한 반응을 눈여겨봐야 한다.	
관계성	• 눈 맞춤, 환경과의 관계, 집단 활동에의 참여, 지시 따르기, 공격성으로 나누어 평가한다. • 움직임을 통해서 공간과의 관계를 살핀다. 개인 공간에 머무르는지, 일반 공간 속을 자유롭게 드나드는지, 직선적으로 공간을 경유하는지, 공간 속 움직임이 3차원으로 존재하는 정도를 평가한다. • 공격성 평가는 공격성이 두드러지는 대상은 높은 점수를 주고, 공격적이지 않은 대상은 낮은 점수를 준다.	20번 문항은 계산할 때 역점수 사용

평가 사례

구분	사전	사후
신체	• 신체 긴장도가 높아 신체가 지나치게 경직되어 있으며, 움직임도 매우 통제적이다. • body attitude는 narrow하며 양팔이 신체에 붙어 있고, 주로 spinal(head/tail)한 움직임을 보인다. kinesphere의 사용에 있어 near space를 사용하여 움직임이 제한적이다. • 자기중심이 없고, center에서부터 나오는 호흡이나 energy가 보이지 않는다.	• centering이 무너져 body balance 유지가 어렵고, 자신의 신체나 움직임을 유지하는 것이 어렵다. 음악에 본능적으로 민감하게 반응하여, 신체 움직임이 일어난다.
움직임의 질 (에포트)	• 흐름(Flow)에서 Bound 움직임을 주로 보이며, 빠르고 가벼우며 집중하지 못하는 산만한(Quick/Light/Indirect) 움직임을 주로 보인다.	• 흐름(Flow)에서 Free 움직임을 사용하여 움직임 통제가 불가능한 상태가 되기도 하고, 때로 문득 지나치게 Bound를 사용하여 통제하는데, 누군가 타인의 통제하에 있는 듯한 모습을 보인다. 이렇게 Bound와 Free의 양극적 움직임을 사용하는데, 세션 초기에 지나치게 Bound한 모습에서 세션이 진행되면서 Free를 사용하는 것으로 보이나, Bound와 Free를 조절하는 모습을 보인다.
자기인식 & 정서인식	• 자기감정 인식이나 표현이 어렵다. 음악적 자극에 대한 움직임 반응은 매우 빠르나 불안정한 움직임이 많다. 자신의 감정 표현에서는 자기감정 자체를 인식하거나 연결하는 것이 이루어지지 못하고 있다.	• 자기 중심이 생겼으며 조금씩 움직여서 자신의 감정을 표현하는 것이 나타났다. • 불안하고 충동적인 움직임들은 감소하고 있으며, 머무르고 다른 사람들의 움직임을 관찰하는 모습들이 보였다.
관계성	• eye contact가 잘 안 되고 눈의 초점이 흔들린다. 타인과의 관계가 어렵고 그룹 역동을 잘 읽지 못하지만, 공격 성향이 많이 보이지는 않는다.	• 정서적 의사소통이 향상되었고, 눈을 맞추거나 다른 사람의 순서를 기다리는 등의 행동이 나타났으며, 다른 사람들을 인식하는 모습들이 나타났다.
변화된 Effort 기호	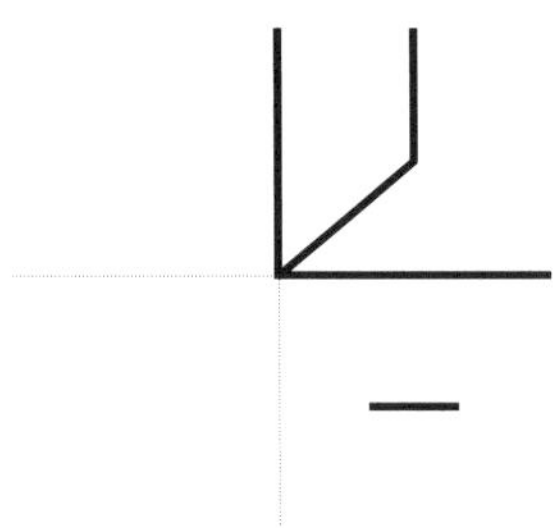	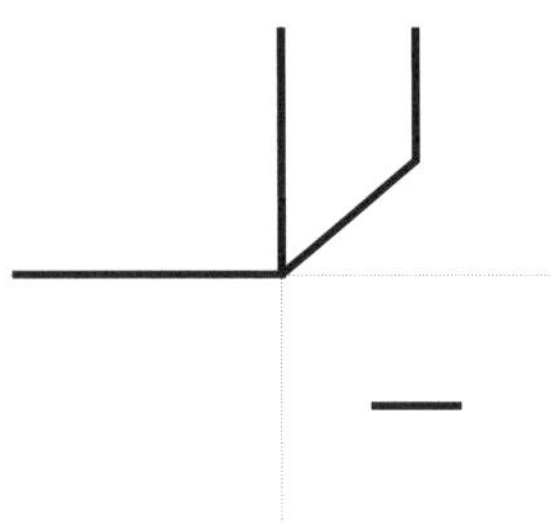

3) 참여자 만족도

참여자의 만족도에 관한 질문과 이 프로그램에 참여한 아동 16명의 응답 분포도는 다음과 같다.

문항	내용	전혀 그렇지 않다	그렇지 않다	보통이다	그렇다	매우 그렇다
1	DMP 프로그램에 참여한 이후로 자신에게 긍정적 변화가 일어났다.	0명	0명	2명	5명	9명
		0%	0%	13%	31%	56%
2	DMP 프로그램은 감정 표현에 도움이 된다고 생각한다.	0명	0명	4명	7명	5명
		0%	0%	25%	44%	31%
3	DMP 프로그램은 창의성 발달에 도움이 된다고 생각한다.	0명	0명	5명	5명	6명
		0%	0%	31%	31%	38%
4	DMP 프로그램은 자신감을 갖는 데 도움을 주었다.	0명	0명	2명	9명	5명
		0%	0%	13%	56%	31%
5	DMP 프로그램에 즐겁게 참여하였다.	0명	0명	1명	6명	9명
		0%	0%	6%	38%	56%
6	DMP 프로그램을 통해 친구들과 즐겁게 지내는 방법을 배웠다.	0명	0명	4명	7명	5명
		0%	0%	25%	44%	31%
7	DMP 프로그램은 자신에게 필요하다고 생각한다.	0명	1명	1명	6명	8명
		0%	6%	6%	38%	50%
8	DMP 프로그램이 진행된다면 다시 참가하고 싶다.	0명	0명	1명	6명	9명
		0%	0%	6%	38%	56%
9	가족과 함께하는 DMP 프로그램에 대해 전반적으로 만족하는 편이다.	0명	0명	2명	5명	9명
		0%	0%	13%	31%	56%
10	나는 이번에 진행된 DMP 프로그램에 대해 전반적으로 만족하는 편이다.	0명	0명	2명	5명	9명
		0%	0%	13%	31%	56%

4) 양육자 인터뷰

(1) 신○○ 양육자

○○이는 무용동작치료 프로그램 참여를 즐거워했어요. 참여 후에 엄마를 더 잘 이해하고 도와주는 것 같아요.

(2) 박○○ 양육자

내성적이었던 ○○이가 이 프로그램을 통해서 많이 활동적이고 활발해졌어요.

오늘 그동안의 프로그램에 참여한 비디오를 보니 아이가 변하는 데 많은 영향을 받을 걸 느꼈어요.

(3) 윤○○ 양육자

자기 마음을 표현하고 어린이다움을 표현할 수 있게 된 것이 가장 큰 변화예요. 그동안 나이에 맞지 않게 어른스러운 행동과 말을 하고, 자기감정을 잘 표현하지 못하고, 예전엔 무슨 일이 생기면 자기 마음보다는 다른 친구들을 더 생각했었는데, 지금은 울 줄도 알고 떼쓸 줄도 알게 되었어요. 형, 누나들과 타협도 하고요. 타협하고 자기와 놀아달라고 말하게 되었어요.

(4) 박○○ 양육자

○○이가 끝나고 오면 행복해해요. 여러 악기를 보고 지식이 늘어난다고 말하고, 춤을 통해 새로운 것들을 많이 해볼 수 있어서 좋다고 해요. 그리고 예전엔 한 친구랑만 어울렸는데 여러 친구들과 원만한 관계를 가질 수 있었고, 친구가 많아졌다고 해요.

오늘 아이와 함께하는 프로그램에 참여하길 잘한 것 같아요. 다른 엄마들과 인사할 기회도 생기고 가까워진 느낌이 들고, 딸아이와 함께하면서 의견을 같이 내고 같이 시간을 나눠서 좋고, 또 우리 가족이랑 다른 가족들 생각들을 느껴보고 정리해 보는 시간이 되었어요.

(5) 이○○ 양육자

○○이가 많이 소극적이고 발표를 잘 안 했었는데, 왜 발표를 안 하냐고 물어보자 틀릴까 봐 안 한다는 말을 했는데, 이 프로그램을 하고 나서 발표를 잘 한다고 해요. ○○이가 만드는 것을 좋아하고 잘 만드는데, 이렇게 함께 작업하니 뿌듯하고 행복해요.

5) 아동 인터뷰

(1) 박○○

그동안 재미있었어요. 그중에서 제일 기억에 남는 것은 몸으로 만드는 텐트예요. 우리가 직접 우리 집을 만드는 것 같아 기분이 좋아요.

(2) 윤○○

성격이 달라진 것 같아요. 옛날에는 친구들이랑만 놀았는데 이제는 엄마랑도 같이 잘 놀아요.

(3) 김○○

많이 웃게 되었어요. 왜냐면 이 프로그램을 하면서 맨날 기분이 좋아져서 그냥 웃게 돼요. 기분 좋은 일도 많아진 느낌이고, 기억에 남는 것은 악기 다루는 건데, 왠지 나도 모르게 소중하게 다루어야 한다는 생각이 들고, 나도 얼마나 소중한지 확실하게 마음에 담게 됐어요. 앞으론 울지 않고 웃는 ○○이가 될 거예요.

(4) 박○○

오늘은 프로그램에 참여하면서 즐거워요. 우울한 기분은 어제 쓰레기통에 버렸어요. 이젠 우울한 기분은 안 올 것 같아요. 앞으론 즐겁기만 할 것 같아요.

(5) 김○○

좋았던 것은 재미있다는 느낌이에요. 다른 친구들한테 좀 친절해지고, 친구들에게 욕하는 것이 적어졌어요. 가족텐트 만든 것은 제일 기억에 남을 것 같아요.

6. 결론

본 연구는 가족해체, 저소득 한부모 아동들을 위한 전문적인 무용동작치료 프로그램 모형을 연구 개발하고, 이를 적용하여 아동들에게 신체 · 심리 · 정서 사회적 통합을 충족시키고, 또래 관계 증진 등 심리사회적 적응력 향상을 도모하는 한편, 가족과 아이가 함께하는 통합적인 무용동작치료 프로그램을 통해 아동의 자존감 향상과 관계성, 창의성, 긍정적 정서 향상에 영향을 주고자 하였다.

단계별 치료 접근으로 1) 적응 및 탐색, 2) 자기 표현, 3) 사회성 향상, 4) 자기 통합 단계로 진행하였다. 그룹에서는 구성원 간의 역동이 중요하므로 세션 초기의 라포 형성이 우선시되어야 하였으며, 대상들의 신체, 인지, 정서 함양 등을 순차적인 단계별로 접근하는 것이 효과적이었다.

참여한 아동들의 자존감 전체와 각 하위변인 간의 상관 분석 결과를 살펴보면, 자존감 전체와 또래에서의 자존감, 자존감 전체와 가정에서의 자존감, 자존감 전체와 학교에서의 자존감, 이 세 가지 모두 유의미한 수준의 상관관계를 가지고 있는 것으로 나타났다. 이는 자존감 전체가 높을 때 또래와 가정과 학교에서의 자존감 역시 높다는 것을 의미한다.

또한 또래와 가정에서의 자존감은 유의미한 정적 상관을 가지는 것으로 나타났다. 가정과 또래 관계는 친밀도가 높은 관계로, 또래에서의 자존감이 높은 학생은 가정에서의 자존감 역시 높을 수 있다는 것을 의미하였다. 그리고 참여자 및 양육자, 기관의 만족도가 모두 높게 나타났다.

나아가 참여 아동들의 개인별 무용동작 관찰 분석을 하였다.

동작 관찰 분석은 4개의 카테고리로 나누었는데, 이는 신체$_{\text{Body}}$, 에포트$_{\text{Effort}}$, 자기 개념 및 정서 상태$_{\text{Self Concept \& Emotional state and Personality}}$, 관계성$_{\text{Relating to Others}}$으로, 먼저 신체에 대한 관찰 분석은 신체 정렬, 협응력, 자세, 태도, 자기 공간에서의 신체 형태를 보았다. 그리고 에포트는 움직임의 질을 말하는 것으로, 공간, 시간, 무게, 흐름을 질적으로 평가하였다.

자기 개념 및 정서 상태는 리듬의 반응, 자발성, 표현 능력, 내적 인식의 반응을 평가하였고, 관계성은 눈 맞춤, 환경과의 관계 맺기, 집단 참여, 지시 따르기, 공격성, 자기 공간과 일반 공간과 관계 맺기 등을 관찰하였다. 이상의 4개 카테고리를 5명의 전문가와 무용동작치료사가 분석을 하였고, 본 연구에서는 공통적 평가로 분석을 하여 두 개의 사례를 적었다.

오늘날 우리 사회는 가족의 형태가 변하고 있으며, 이혼, 사별, 미혼모, 미혼부 등으로 생긴 가족해체 · 한부모 자녀들은 부모로부터 정서적 · 신체적으로 충분한 보살핌을 받지 못하고 있는 형편이다. 이에 따라 불안함과 심리적 갈등 등의 정서적 문제가 중요한 문제로 나타나고 있다. 사회가 적극 나서서 해결해야 할 문제다.

무용동작치료는 그 비언어적인 성격상, 언어에 의한 인지 양식의 한계로부터 자유롭게 하는 차원에서 아동 스스로 자신의 신체를 탐구하고 인식하여 자기와 타인을 신뢰할 수 있다. 또한 감정을 표현하고 정화하며, 타인과의 긍정적 의사소통, 자기 신뢰, 창의성, 자기 정체감과 자기 효능감을 갖게 함으로써 가족해체 · 한부모 아동들에게 더 많은 현장의 연구가 다양하게 이루어져야 할 것이다.

외상 후 스트레스 장애와 무용동작치료

본 연구는 무용동작 심리치료가 성폭력 피해 청소년들의 외상 후 스트레스 장애Post-Traumatic Stress Disorder[PTSD]와 뇌파 및 자아 정체감에 효과가 있는지 살펴보고자 하는 데 그 목적이 있다.

본 연구에서는 필자의 연구 결과(류분순, 2002; 2006)와 외상 후 스트레스 장애 이론에 근거해서 성폭력 피해 청소년을 위한 9단계 무용동작 심리치료 프로그램을 개발하였다. 연구의 효과 검증을 위해서는 실험집단과 통제집단에게, 처치 전후로 외상 후 스트레스 장애 증상 요인 척도와 3차례의 뇌파 측정(전전두엽, 전두엽, 측두엽, 두정엽) 및 자아 정체감 척도 측정을 실시하였다. 이를 통해 무용동작 심리치료가 성폭력 피해 청소년들의 외상 후 스트레스 장애 감소와 뇌파의 변화 및 자아 정체감 향상에 효과가 있는지를 검증하였다.

연구 대상과 방법으로는 서울, 경기, 경북, 경남 지역의 기관에서 보호하고 있는 성폭력 피해 여자 청소년 30명(13~19세)을 나이, 성폭력 기간, 재학 여부, 성매매 노출 유무 등에 따라 공정하게 두 집단으로 나누어, 매주 한 회기 2시간씩 15회기의 프로그램을 진행하였다. 실험집단은 무용동작 심리치료 프로그램, 통제집단은 스트레스 관련 독서를 하게 하였고, 두 집단 모두 사전 사후로 외상 후 스트레스 장애 검사, 3차례의 뇌파 측정, 자아 정체감 검사를 실시하였다.

본 연구의 결과를 요약하면 다음과 같다.

첫째, 외상 후 스트레스 장애 증상은 실험집단과 통계집단에서 의미 있는 차이를 보였는데, 하위 영역별로 두려움, 불안, 공포의 증상을 보이는 A형 특징과 반복 기억, 공포, 슬픔의 지속적 재경험 증상의 B형 특징, 사건과 연관된 일들을 거부하는 회피와 반응의 마비 증상을 보이는 C형 특징, 사고 장면에 대한 불면증 및 과민반응의 지속적인 각성 증가의 증상을 보이는 D형 특징 모두 프로그램을 처치한 실험집단에서 증상이 완화되어 무용동작 심리치료가 성폭력 피해 청소년들의 외상 후 스트레스 장애 증상을 완화시키는 것으로 확인되었다.

둘째, 자아 정체감 분석 결과에서는 실험집단과 통제집단에서 하위 영역별로 주체성, 자기 수용성, 주도성, 친밀성에서 의미 있는 차이를 보였으며, 미래 확신성과 목표 지향성에서는 차이를 보이지 않았다. 이것은 무용동작 심리치료가 성폭력 피해 청소년들의 자아 정체감 향상과 함께, 미래 확신성과 목표 지향성을 제외한 주체성, 자기 수용성, 주도성, 친밀성을 향상시키는 데 효과가 있다는 것을 의미한다.

셋째, 외상 후 스트레스 장애 증상의 보다 세밀한 변화를 보고자 뇌파를 측정하고 분석하였다. 외상 후 스트레스 장애에서 나타나는 공포, 무력감, 고통 회상, 각성 반응, 분노, 과민상태 등은 뇌의 변연계limbic system가 흥분된 상태로, 성폭력 피해 청소년들은 뇌의 각성 정보를 분석하고 분류하는 능력이 약하고 감정 뇌가 활성화된 상태이므로 이들에게 뇌의 전전두엽, 전두엽, 측두엽, 두정엽, 여덟 군데를 측정하여 프로그램 처치 전후의 뇌파 변화를 살펴보았다.

그 결과 대역별 알파, 베타, 세타, 감마에서 증감 패턴을 확인할 수 있었으며, 특정 부위에서 변화를 확인할 수 있었다. 먼저 실험집단에서는 사후에 전전두엽에서 세타파, 알파파, 베타파, 감마파 등의 증가가 있었으나 다른 부위에서는 감소가 나타났다.

반면 통제집단에서는 전체 부위에서 뇌파가 증가하는 결과를 보였다. 이는 실험집단의 경우 외상 후 스트레스 장애의 감정이 변연계인 감정 뇌에서 전전두엽의 인지 영역으로 연결되어 각성된 정보를 분석하고 분류할 수 있는 인지적 능력이 증가됨으로써 감정적 문제에 대해 인지적인 변화를 가져오게 된 것이라고 볼 수 있으며, 전체 부위에서 모두 뇌파가 증가된 통제집단의 경우는 지나치게 각성되어 이런 결과가 나타난 것으로 볼 수 있다.

SEF(Spectral Edge Frequency, 누적 스펙트럼 주파수) 50%의 증가는 증가 부위의 뇌의 각성을 의미하는데, 실험집단은 좌측 전전두부만 증가하고 나머지 부위는 감소된 것으로 나타나 뇌파의 각성도가 떨어졌으나, 통제집단의 경우 뇌파의 각성도가 올라갔음을 볼 수 있었다. 또한 알파 SEF 50%의 증가는 뇌의 정서적 쾌적성의 증가를 의미하는데, 실험집단의 경우 전체 부위에서 증가하였지만, 통제집단의 경우는 전체 부위에서 증가하지 않았다.

전전두엽은 시상과 변연계 구조의 연결부분을 통해 감각, 기억체계 및 보상체계에서 온 정보를 통합하는 중요한 기능을 한다. 외상 후 스트레스 장애를 앓고 있는 사람이 판단, 연상 등에 혼란이 일어나 사고를 일으키거나 이해할 수 없는 행동을 하는 것은 모두 변연계에 의해 일어나는 현상이다. 따라서 이에 대한 조절은 상대적으로 전전두엽의 기능이 활성화되어야 한다. 그런데 본 연구에서 실험집단은 전체적으로 전전두부에서 의미 있는 변화를 보여주었다.

이상의 결과로 볼 때, 무용동작 심리치료는 성폭력 피해 청소년들의 내면에 잠재된 우울, 분노, 공격성, 적대감, 무력감, 해리 등등의 외상 후 장애 스트레스 증상을 완화하는 수단이 될 수 있음을 알 수 있었다. 신체를 통해 창의적 · 자발적으로 바람직하게 감정을 표출하고 풀어 나갈 수 있게 하는 좋은 접근법이 될 수 있을 것으로 판단된다. 정신과 몸, 마음 상태의 통합이 절실하게 필요한 사람이 성폭력 피해 청소년들이다. 무용동작 심리치료는 이들의 외상 후 스트레스 장애의 감소와 자아 정체성의 향상을 위해, 감정으로 나타나는 신체를 검토하고 정신과 감정, 행동의 변화를 재구성하는 매개체의 역할을 하는 것으로 확인되었다.

1. 연구 방법

1) 연구 대상

본 연구는 서울, 경기, 경북, 경남 지역에서 거주한 성폭력 피해 여자 청소년(13~19세)들로 서울과 경남의 기관 보호 센터에서 생활하고 있는 30명을 대상으로 하였다. 이들은 친부, 양부, 친인척에게 지속적으로 성폭력을 당했으며, 일부는 성매매에 노출된 경험이 있었다.

본 연구를 위한 실험집단과 통제집단의 대상군은 각 기관의 사회복지사와 상담사에 의해 나이, 성폭력 기간, 재학 여부, 성매매 노출 경험 유무 등에 따라 차이가 없도록 공정하게 두 집단으로 나뉘었다. 실험집단과 통제집단은 각각 15명으로 시작하였으나, 가출하는 탈락자가 생겨 15회기를 마칠 때는 각각 12명을 대상으로 분석하였다.

2) 연구 절차

본 연구를 위한 실험은 주 1회 2시간씩 총 15회기를 실시하였다, 2시간의 회기마다 실험집단은 무용동작 심리치료를 받고, 통제집단은 스트레스 관련 독서를 하였으며, 두 집단은 요일만 다르게 하여 오후 3시부터 5시까지 진행하면서 중간에 휴식 시간을 15분 가졌다.

실험집단은 프로그램의 사전과 사후에 8채널 QEEG-8 시스템(Laxtha, 2008)으로 뇌파 측정, AEIS, PTSD 검사를 실시하고, 과정을 시작하면서 매 회기 참여자의 동의를 얻어 비디오 촬영을 하고, 회기 후 동작 관찰을 하였다.

통제집단 역시 사전과 사후에 8채널 QEEG-8 시스템으로 뇌파 측정과 AEIS, PTSD 검사를 실시하였다. 실험집단이 15주간의 DMP 프로그램 처치를 받는 동안 통제집단은 같은 기간 · 시간 · 장소에 요일만 다르게 하여 DMP 프로그램 없이 스트레스와 관련된 독서를 하였다.

뇌파의 측정은 실험의 정확성과 일관성을 위해 피험자가 눈을 뜬 상태에서 개인별로 3차례 실시하였는데, 처음에는 실험집단과 통제집단 각 15명을 대상으로 측정하였다. 1차 측정은 자극이 없는 기본 상태를 보기 위하여 무용동작 심리치료 실시 전 안정된 방에서 5분간 안정 뇌파를 측정하였으며, 2회기 후 치료자와의 신뢰감 형성 후 개인의 가장 고통스러운 기억에 대해 빈 용지에 적게 하였고, 같은 조건의 환경에서 눈을 뜨고 고통의 기억을 읽는 가운데 2차 측정을 5분간 실시하였다.

그 후 실험집단은 3회기부터 14회기까지 무용동작 심리치료를 적용한 후, 안정감과 자신의 현재를 지각한 상태인 15회기 후에 다시 2차 측정 때 자신의 고통 기억을 쓴 기록을 눈을 뜨고 읽게 하면서 3차 측정을 5분간 실시하였다. 통제집단은 1, 2차는 같은 방법으로 실시하였으며, 무용동작 심리치료의 처치를 주지 않고 15회기 후에 3차 측정을 실시하였다.

실험이 후반부에 들어가면서 실험집단에서 가출로 인한 탈락자가 2명 생기고, 통제집단에서도 3명의 탈락자가 발생해서 실험집단과 통제집단의 통계 분석 시에는 실험집단에서 측정 상태가 좋지 않은 1명을 제외하고, 실험집단 12명 통제집단 12명을 최종 분석하였다.

3) 측정 도구

(1) 외상 후 스트레스 장애 증상 요인 척도

본 연구에서는 PCL(Farley & Baken, 1998) 척도를 사용해서 성폭력으로 인해 여성들에게 내재한 외상 후 스트레스 장애 증상을 측정하였다.

PCL은 미국 보스턴에 있는 외상 후 스트레스 장애 국립센터(National Center for PTSD)에서 개발되었고, DSM-Ⅳ(미국정신의학회의 정신장애 진단 및 통계 편람 제4판)의 진단 기준인 17개의 항목으로 구성되어 있다. 리커트$_{\text{Likert}}$ 방식에 의하여 전혀 아니다(1), 조금 그렇다(2), 그렇다(3), 꽤 그렇다(4), 매우 그렇다(5)의 5점 척도를 이용하였다. PCL은 DSM-Ⅳ의 외상 후 스트레스 장애를 사정하는 척도로, 검사 재검사 신뢰도는 크론바흐 알파(Cronbach α) 0.96으로 높은 안정성이 있으며, 내적 일관성은 크론바흐 알파 0.97이다(Edna et al., 2000). 본 연구에서의 재검사 신뢰도는 크론바흐 알파 0.89로 안정성이 확인되었다. PTSD 증후군 척도는 DSM-Ⅳ의 진단 기준에 의하여, A형 특징(두려움, 불안, 공포), B형(지속적 재경험: 반복 기억, 좌절, 공포, 슬픔), C형(회피와 반응의 마비: 공황장애와 같은 증상, 특히 사건과 연관된 일들을 거부), D형(지속적인 각성 증가: 사고 장면에 대한 불면증, 과민반응)으로 분류된다.

(2) 자아 정체감 척도

본 연구에서 자아 정체감 측정은 박아청(2004)이 타당화 연구를 거쳐 개발한 청소년을 위한 자아 정체감 검사(Korean Adolescent Ego-Identity Scale)를 사용하였다. 이 척도는 총 6개의 하위 영역에 각 10문항씩 총 60문항으로 구성되어 있으며, 리커트 5점 척도(5-point Likert-type rating scale)로 측정해 높은 점수일수록 자아 정체감이 높음을 나타낸다.

하위 영역은 1) 주체성: 자신의 연속성과 능력감, 주관적인 역할이나 환경을 적극적으로 지배하고 영향을 줄 수 있다는 느낌 정도, 2) 자기 수용성: 자기의 실체와 성격특성 및 제반 능력과 취약점을 사실대로 인정하는 정도, 3) 미래 확신성: 자신의 장래의 일에 대한 계획의 확신도, 4) 목표 지향성: 주어진 과업을 수행하거나 실현하려는 의지, 5) 주도성: 자신 주변의 일을 주도적으로 실행하려는 의지와 자신의 역할에 대한 인지 능력의 정도, 6) 친밀성: 타인들과의 관계를 유지하기 위하여 융통성을 갖고 있으며, 주체적인 관계의 유지와 집단 속에서 한 구성원으로서 자신과 타인의 역할에 대한 정확한 인식 등으로 구성되었으며, 신뢰도는 크론바흐 알파 0.94였다. 본 연구에서의 재검사 신뢰도는 크론바흐 알파 0.95로 안정성이 확인되었다.

(3) 뇌파 측정

본 연구의 뇌파 측정은 8채널 QEEG-8 시스템을 이용하였으며, 대상자들의 특수한 환경에 따라 연구자가 대상자들과 무용동작 심리치료를 하는 장소로 시스템을 이동하여 조용한 독립 공간에서 연구자에 의해 검사가 시행되었다. 구체적으로는 국제 10-20 전극 배치법에 의거해 머리 표면 총 8개 부위에서 뇌파를 측정하였다. 전전두엽(Fp1, Fp2), 전두엽(F3, F4), 측두엽(T3, T4), 두정엽(P3, P4) 위치에 측정 전극을 부착하였고, 오른쪽 귀를 기준전극reference load으로 이용했다.

4) 자료처리

본 연구를 위해 수집된 외상 후 스트레스 장애와 자아 정체감 자료의 통계 처리는 데이터 코딩data coding과 데이터 점검data cleaning 과정을 거쳐 SPSS 12.0 통계 패키지 프로그램으로 95% 신뢰수준에서 검정하였다. 구체적인 분석 방법은 각 측정 도구의 신뢰도 분석Reliability Analysis을 실시하였고, 무용동작 심리치료의 효과를 검증하기 위하여 실험집단과 통제집단의 사전 · 사후 검사를 실시하여 두 검사의 평균과 표준편차를 산출한 후 유의미 차이 파악을 위해 T-검정t-test을 실시하였다.

본 연구에서의 PTSD 검사와 AEIS의 타당성은 요인분석factor analysis을 하였으며, 개념 타당성 평가는 요인 내의 집중 타당성과 요인 간의 판별 타당성이 적용되었다. 요인분석 방법은 주성분 분석principal component analysis으로 진행하고, 요인추출 기준은 요인이 변수 1개 이상의 분산을 설명할 수 있는 고유치eigen value 1 이상에 근거하여 요인 수를 결정하였고, 요인적재량 0.4 이상을 유의성이 있는 것으로 판단 · 사용하였다. 요인의 회전은 요인들 간의 상호독립성을 유지하며 회전하는 직각 회전varimax rotation 방법을 사용하였다. 변수 간 신뢰도는 특정변수 측정을 위해 복수로 설계된 내적 일치도를 적용하고, 신뢰도 계수 크론바흐 알파는 외상 후 스트레스 장애 증상이 0.89, 자아 정체감의 전체적인 신뢰도는 0.95로 양호하였다.

다음으로 뇌파 측정은 수집된 뇌파 자료로 텔레스캔Telescan 데이터 수집, 분석 프로그램을 이용하였다. 표본추출 속도는 256㎐/channel, 12-bit A/D 변환기, 0.6㎐ 저위 여과기lower filter, 46㎐ 고위 여과기high filter, 그리고 단계 여과기notch filter 60㎐로 설정하였다. 5분간의 뇌파 측정에서 중간지점의 3분 동안의 뇌파 신호에 대해 고속 푸리에 변환(FFT, Fast Fourier Transforms)을 수행하여 네 가지 주파수 영역(4~8㎐, 8~13㎐, 13~30㎐, 30~50㎐)에 대한 뇌파의 절댓값을 구했으며, 뇌파의 검증은 피험자의 숫자에 의해 만-휘트니Mann-Whitney 비모수 검증을 하였다.

SEF는 파워 스펙트럼에서 낮은 수준Low-Edge부터 특정 주파수까지의 파워가 총 파워의 일정 비율(95%, 50%, 25% 등)에 도달하는 것으로 정의하는데, 본 연구에서는 총 파워의 50%에 도달하는 주파수 SEF 50%를 사용하였다. SEF 값이 높을수록 상대적으로 높은 주파수 성분이 많은 것이며, 뇌파 각성이 높아졌음을 의미한다.

2. 9단계 무용동작 심리치료 프로그램

1) 무용동작 심리치료 프로그램의 준거

최근 미국 심리학회와 국제 외상 스트레스 학회(ISTSS, 증명된 과학적 지식을 근거로 적절한 PTSD 치료법을 제시)와 영국 보건성은 안구운동(EMDR) 방식이 외상 후 스트레스 장애(PTSD)치료에 효과적이라는 사실을 공식적으로 인정하고 있다(Schreiber, 2004).

하버드 대학 정신과에서는 외상 후 스트레스 장애 연구에서, 환자들에게 자신들이 겪은 사건을 자세히 말하게 하고 동시에 PET 스캔으로 뇌의 반응을 기록하면서 몇 분 동안 사건 당시의 충격을 다시 되살렸더니 뇌의 활성화된 부분과 그렇지 않은 부분을 스캐너로 관찰할 수 있었다고 한다(Schreiber, 2004).

심리치료 전문가들은 성폭행당한 사람들을 치료할 때 무엇보다 그들이 느끼는 공포감과 무력감을 정당한 분노로 변화시킬 수 있도록 돕는 데 치료목표를 두고 있어야 한다(Schreiber, 2004)고 하였는데, 무용동작 심리치료의 경우 피해자가 호흡훈련과 감정 표현을 통해 자신의 내부로부터 이러한 변화를 느끼게 하고, 양방향의 동작들과 표현으로 감정을 표출하고 조절하게 돕는다.

또한, 필자의 연구(류분순, 2002; 2006)를 통해 관찰한 성폭력 피해 청소년들에게는 외상 후 스트레스와 자아 정체성의 갈등 영역이 두드러지게 나타났는데, 그것은 수치심, 분노, 적대감, 공격성, 자존감, 회피 등으로, 이는 킨Keane 등의 연구에서 외상은 외상의 신호와 대면했을 때 희생자의 스트레스 반응체계를 활성화시킨다고 보고한 것(Keane et al., 1998), 페리Perry와 폴라드Pollard가 외상 후 고통의 반응으로 긴장과 해리의 방어를 사용한다고 연구한 것(Perry & Pollard, 1998), 도지Dodge가 장기적 폭력에 노출된 청소년들은 폭력, 적대감, 공격성의 특성들이 존재한다고 밝힌 연구

(Dodge, 1993)와 같은 맥락이다.

그러므로 본 연구의 9단계 무용동작 심리치료 프로그램은 성폭력 피해 청소년들의 수치심, 분노, 공격성, 긴장과 회피 등으로 나타나는 외상 후 스트레스 감소와 자아 정체성을 향상시키는 데 중요한 호흡과 신체 이완, 고통에 대한 신체 상태 느끼기, 전환하기, 상호관계 형성과 내적 변화의 경험, 자기 안의 창의성과 고유성을 찾는 과정으로 발전시켰다.

성폭력 피해 청소년을 위한 무용동작 심리치료는 기본적으로 신체 움직임은 심리학적 역학 관계가 있으며, 근원적으로 몸동작은 자아와의 관계성 그리고 개인적인 특성을 살펴볼 수 있는 단서를 제공한다고 본다. 그러므로 무용동작 심리치료 과정의 명백한 목적은 움직임을 사용하여 몸과 마음을 통합시키는 것에 있으며, 이는 내면적 요소로서 몸의 인식을 통하여 심리적 자각으로 접근하는 것을 구조화시킨다.

사고, 감정, 행위의 통합은 존재로서의 인식을 통해 행동의 변화, 지각의 변화, 그리고 통찰력을 키우므로 성폭력 피해 청소년의 자기 비하는 자존감으로 대치되고, 학교에 되돌아가거나 직업을 찾는, 보다 적극적인 과정을 거쳐 안정성의 상황으로 가게 한다. 성폭력 피해 청소년의 개인적인 쟁점이 보다 내면적인 접근을 통해 다루어지면서 바람직한 자아 정체성을 형성하고, 외상 후 스트레스가 감소하는 심리적인 변화로 나아갈 수 있을 것이다.

통제되지 않은 행동에서 심리적 변화로 가는 이러한 발달은 무용동작 심리치료 과정에서 일어나는 언어화로 성취된다. 언어적 표현은 신체 움직임의 자각으로 종종 '통증을 느낀다', '답답하다', '편안하다' 같은 단어들에 초점을 두는 한편, 신체적 자극은 긴장되고 이완되는 신체 부위를 터치하는 것으로 이루어지면서 신체 감각에 대한 심리적 표현과 언어들이 연결된다.

이러한 과정을 통해서 청소년들은 그것을 긴장과 흥분 등의 일시적 변동에 대처하는 데 유용한 자신의 장치로 쓰게 되고, 그들이 맞게 될 어떤 환경에서도 이완을 할 수 있게 된다(Woolfolk, 1984b).

또한 무용동작 심리치료 과정의 접근법에서는, 첫 번째 만남에서 혼자가 아니라는 사실을 강조하게 되고, 자신의 상황이 특수하지 않다는 깨달음은 그들의 부끄러움과 인간관계의 부적절함을 줄여주며, 우울함과 자신들이 어쩔 수 없다는 느낌이 복합되어 나타나는 사회적 고립을 줄여준다.

게다가 공통의 주제를 가지고 하나가 되는 창조적인 과정은 무력감과 소외감을 덜어주고, 길고 힘든 성폭력의 기억으로부터 안전으로의 여행에 나서는 것에 대해 토론할 수 있게 하며, 결합력과 소속감을 키우고, 서로를 돕게 만든다. 이런 구조화된 틀 안에서 그들의 존재를 존중받는 동시에 다른 이들과 일체감을 경험하면서 현실을 있는 그대로 마주하게 되는 것이다.

따라서 본 연구의 9단계 무용동작 심리치료 프로그램은 사전 연구를 바탕으로 이루어졌다. 사전 1차 연구(류분순, 2002)는 서울 중심의 성폭력 여자 청소년을 위한 10개 보호시설의 피해자 46명을 단일집단으로 하여 50시간의 무용동작 심리치료를 크게 4단계로 프로그램화하였는데, 신체 이완과 감정 표출, 창의적 표현과 회복의 4단계로 시행하면서 자존감과 정체성을 측정하였다. 1차 연구는 이 4단계의 과정을 통해 청소년들의 자존감 회복을 도울 수 있었으나, 이들의 상처에 자연스럽게 접근할 수 있는 좀 더 세분화된 프로그램의 필요성을 깨닫게 했다.

2차 연구(류분순, 2006)에서는 1차 연구 지역인 서울을 제외한 부산, 마산, 창원, 울산, 대구 지역 쉼터에서 생활하고 있는 여자 청소년들을 대상으로, 친부, 양부, 친인척에게 지속적인 성폭력을 당한 경험이 있는 19명을 매주 3시간씩 15회기 8단계로 실시하였다.

1차 연구에 비해 프로그램의 단계를 두 배로 세분화하고 회기 시간과 전체 회기를 늘렸으나, 이들이 가진 외상의 기억이 신체 감각과 강렬한 정서의 상태로 남아 있고, 고통 문제를 인지적으로 처리하는 기능이 차단되어 있어서 검증 문제가 대두되었다. 일반적인 검사지만 사용하였을 때 감정에 대한 회피와 해리 현상이 나타나 일률적이고 왜곡되게 검사지를 작성할 수 있다는 문제에 대한 것이었다.

또한 사전 두 차례의 연구에서는 자존감과 자아 정체성을 주로 보았으나, 연구를 통해 드러난 상황은 더 엄밀한 접근법을 요구했다. 근친상간을 경험한 피해 청소년들은 정신적 학대와 문제의 조작, 가족에 대한 심리적 단절 등, 정신적 상처를 회복하기 어려울 정도로 외상 후 스트레스 장애 증상이 심했다. 결국 이것이 감정 뇌인 변연계와 밀접한 관련이 있다는 것을 알게 되었다. 그것은 단순히 약을 복용하거나 언어적 치료만으로는 어려우며, 감정 뇌를 활성화하여 전전두엽의 인지적 연결을 할 수 있다면 도움이 될 수 있다고 생각하였고, 이에 대한 검증은 과학적인 뇌파 측정을 함께 해보는 것이었다.

나아가 이들을 위해서는 감정 뇌를 활성화하는 움직임 표출이 좌측 전두부의 인지 뇌로 연결될 수 있도록 몸, 마음, 인지적 기능을 통합할 수 있는 무용동작 심리치료 프로그램이 필요하다고 생각하였다. 그리하여 본 연구에서는 두 차례 연구의 부족한 점을 최대한 보완하여 성폭력 피해 청소년의 외상 후 스트레스 장애를 감소시키고, 그에 따른 긍정적 뇌파의 변화와 자아 정체성을 향상시킬 수 있는 9단계의 프로그램이 나오게 되었다.

2) 무용동작 심리치료 프로그램 9단계

(1) 1단계: 신뢰감 형성과 신체 이완을 통한 안정화

호흡 인식과 움직임을 통한 지금 현재의 몸의 자각(안전지대의 이미지, 은유).

(2) 2단계: 경계 문제

자신 몸의 경계와 지금까지 지속되는 나쁜 기억에 수반하는 감정 및 정서 이미지에 대한 신체 반응과 느껴지는 신체 감각의 위치.

(3) 3단계: 대인관계

성폭력의 기억에서 현재 안전으로의 탐색과 확장.

(4) 4단계: 신체 인식과 신체 이미지

바디 스캐닝을 통한 몸의 경계, 생명, 사랑, 성.

(5) 5단계: 가족관계, 자아 다루기

내 안에 주로 차지하는 감정 표현, 분노 표현.

(6) 6단계: 자신의 장애요인 직면

신체(Body), 공간(Space), 시간(Time), 무게(Weight)를 통한 왜곡된 인지 변화.

(7) 7단계: 억압, 해리, 회피의 방어

강한 감정, 공포, 분노, 수치심, 불안, 우울, 슬픔 등의 제 반응 다루기.

(8) 8단계: 자기조절, 용서의 과정

행동화된 단어와 소리, 반응과 반영, 문제를 다르게 보기.

(9) 9단계: 내 안의 창의성과 자발성 및 고유성 찾기

긍정적 소통과 새로운 자기 발견.

3. 논의 및 결론

1) 논의

인간의 감정은 신체의 생리적 반응으로 나타나는 의식적 현상의 총체라고 볼 수 있다. 그러므로 인간의 감정 뇌는 인지 뇌보다 신체와 더 긴밀한 관계를 맺고 있고, 외상 후 스트레스 장애 같은 감정에 가까이 다가가기 위해서는 언어보다는 신체를 통하는 방법이 더 용이하다고 생각된다.

이 연구는 무용동작 심리치료가 성폭력 피해 청소년들의 외상 후 스트레스 감소, 뇌파의 변화 및 자아 정체성 향상에 효과가 있는지를 파악해보고자 하는 데 그 목적이 있다. 먼저 성폭력 피해 청소년들의 외상 후 스트레스 장애의 이론적 근거로, 신체적 · 심리적 외상 문제와 감정 뇌, 감정과 뇌파에 대해 밝혔으며, 자아 정체감과

무용동작 심리치료의 신체적 · 심리적 효과에 관한 이론적 근거를 제시하였고, 필자의 연구 결과(류분순, 2002; 2006) 및 외상 후 스트레스 장애 이론과 실제를 중심으로 성폭력 피해 청소년을 위한 9단계 무용동작 심리치료 프로그램을 개발하였다.

연구의 효과 검증을 위해서는 실험집단과 통제집단 동일하게 처치 전후로 PTSD, AEIS 검사와 3차례의 뇌파 검사를 실시하였다. 그리하여 무용동작 심리치료가 성폭력 피해 청소년들의 외상 후 스트레스 감소와 뇌파의 변화 및 자아 정체성 향상에 효과가 있는지를 검증하였는데, 분석 결과는 다음과 같다.

첫째, 전체 외상 후 스트레스 장애 증상은 실험집단에서 프로그램 처치 전에 비해 프로그램 처치 후 증상이 완화되었으며, 통계적으로도 의미 있는 차이를 보였다. 이를 각 하위 영역별로 살펴보면, 두려움, 불안, 공포의 증상을 보이는 A형 특징은 프로그램 처치 전에 비해 처치 후 증상이 완화되었으며, 이는 통계적으로도 의미 있는 차이를 보였다. 반복 기억, 좌절, 공포, 슬픔의 지속적 재경험의 증상을 보이는 B형 특징은 프로그램 처치 후 증상이 완화되었다. 사건과 연관된 일들을 거부하는 등의 회피와 반응의 마비 증상을 보이는 C형 특징 역시 프로그램 처치 전에 비해 처치 후 증상이 완화되었으며, 사고 장면에 대한 불면증 및 과민반응의 지속적인 각성 증가의 증상을 보이는 D형 특징도 마찬가지로 처치 후 증상이 완화되었다. 이를 통해 무용동작 심리치료가 성폭력 피해 청소년들의 외상 후 스트레스 장애 증상을 완화시키는 것을 알 수 있으며, 그 하위 영역에서 모두 효과를 보이는 것이 검증되었다.

둘째, 자아 정체감 분석 결과, 실험집단에서 사후검사의 점수가 사전검사에 비하여 높게 나타났으며, 이는 통계적으로 의미 있는 차이를 보였다. 이를 각 하위 영역별로 살펴보면, 주체성, 자기 수용성, 주도성, 친밀성에서는 통계적으로 의미 있는 차이를 보였다. 반면, 미래 확신성과 목표 지향성은 의미 있는 차이를 보이지 않았는데, 이들에게 시간적으로 좀 더 지속적인 안전에 대한 지지와 미래의 목표에 대한 진로 상담 등, 다른 형태의 치료적 접근을 한다면 키워질 수 있다고 생각된다. 그러나 결론적으로 무용동작 심리치료는 성폭력 피해 청소년들의 자아 정체감을 향상시키며, 그 하위 영역에서 미래 확신성과 목표 지향성을 제외한 주체성, 자기 수용성, 주도성, 친밀성을 향상시키는 데 효과를 보였다.

셋째, 성폭력 피해 청소년들의 외상 후 스트레스 장애 증상의 프로그램 처치 전후 뇌파 대역별 절대 파워 및 SEF 50%, 알파 SEF 50%에 미치는 영향을 알아보고자 뇌파를 측정하고 분석한 결과, 대역별 알파, 베타, 세타에서 증감 패턴을 확인할 수 있었으며, 특정 부위에서 유의미하게 변화하고 있는 것을 확인할 수 있었다.

먼저 실험집단에서는 사후에 전전두엽에서 세타파, 알파파, 베타파, 감마파의 증가가 있었고 다른 부위에서는 감소가 있었으나, 통제집단에서는 전체 부위에서 증가를 보였다. 전전두피질은 시상과 변연계 구조의 연결부분을 통해 감각, 기억체계 및 보상체계에서 온 정보를 통합하는 데 매우 중요한 기능을 하는데(Gazzaniga & Heatherton, 2003), 이것으로 보아 실험집단의 경우 외상 후 스트레스 고통의 감정이 감정 뇌에서 전전두엽의 인지 영역으로 연결되어 인지적 활성화가 일어남으로써 감정적 고통 문제에 대한 정보를 처리할 수 있는 인지적인 통합을 가져오게 된 것이라고 볼 수 있다.

통제집단의 경우는 전체 부위에서 증가되었는데, 전체 부위가 지나치게 각성되면, 자칫 두뇌의 지나친 활성화로 각성 부하가 일어날 수 있다. 그리고 SEF 50%의 증가는 증가 부위의 뇌의 각성을 의미하는데, 실험집단의 경우에는 뇌파의 각성도가 떨어졌으나, 통제집단의 경우 뇌파의 각성도가 올라갔음을 볼 수 있었다. 또한 알파 SEF 50%의 증가는 뇌의 정서적 쾌적성의 증가를 의미하는데, 실험집단의 경우 전체 부위에서 증가하였지만, 통제집단의 경우는 전체 부위에서 증가하지 않았다.

이상을 뇌파의 대역별로 다시 살펴보면, 실험집단의 사전 사후별 감마파의 경우 전전두부에서만 증가하고 나머지 부분은 감소하였다. 문제의 해결이나 과제 등을 할 때, 감마파가 전전두에서만 활성화되었다는 것은 전전두엽이 기능을 보다 잘 수행할 수 있도록 대기하고 있는 것으로 짐작된다.

다음으로 실험집단의 사전 사후에서 전전두부의 베타파의 증가는 증가된 집중력과 감정적인 해결의 동기부여로 인한 것이라 여겨진다. 두정부는 전두부에서 개념화된 문제를 푸는 것으로 알려져 있는데, P4를 비롯한 두정엽 부위의 뇌파 감소는 전전두부에서 감정적 동기부여를 직접적으로 실현하려는 것은 아닌 것으로 짐작된다.

그리고 실험집단의 사전 · 사후별 알파파 증가는 힌리히스Hinrichs 등이 활력과 기쁨을 경험하는 동안에는 알파파가 증가되고, 불안과 공포를 경험할 때는 알파파가 감소하여 정서가 뇌파에 영향을 준다고 보고한 바와 같이(Hinrichs et al., 1992) 뇌의 정서적 쾌적성이 높아진 것으로 보인다.

또한 실험집단의 사전 · 사후별 세타파는 전전두부에서 세타 리듬이 증가하였고, 나머지는 전체적으로 감소하였다. 이는 고통과 공포 등의 감정 같은 외상 후 스트레스에 영향을 미치는 전전두부에 이완과 명상과 같은 효과를 주는 것이라 할 수 있다.

그리고 필자의 연구(류분순, 2002; 2006)의 연구에서는 성폭력 피해 청소년들의 분노, 적대감, 공격성, 무력감, 회피 등의 갈등 영역이 두드러지게 나타났는데, 이것은 킨Keane 등의 연구에서 외상은 외상의 신호와 대면했을 때 희생자의 스트레스 반응체계를 활성화시킨다고 보고 한 것(Keane et al., 1998), 페리Perry와 폴라드Pollard가 외상 고통의 반응으로 긴장과 해리의 방어를 사용한다고 보고한 것(Perry & Pollard, 1998), 도지Dodge가 장기적 폭력에 노출된 청소년들은 폭력, 적대감, 공격성의 특성들이 존재한다고 밝힌 연구 결과(Dodge, 1993)와 맥락이 같다. 이를 볼 때, 무용동작 심리치료는 그 치료 과정의 특성을 통하여 성폭력 피해 청소년들의 외상 후 스트레스 장애의 고통에 대한 감정을 신체적 표현을 통해 자아에 대한 이해를 재구성하게 하고, 자아와 안정에 대한 감각에 중대한 영향을 끼치는 것으로 볼 수 있다. 인간의 감정으로 나타나는 신체를 느끼고, 사고, 감정, 행위를 통합함으로써 자신의 존재를 새롭게 인식하게 하고, 행동의 변화와 지각의 변화를 재구성하는 매개체의 역할을 할 수 있게 되는 것이다.

나아가 성폭력 피해 청소년들은 인지적으로 미성숙한 정신 상태로 인해 추상적으로 일어나는 생각이나 감정들을 언어적으로 인지적으로 표현하는 능력이 약하다. 무용동작 심리치료는 성폭력 피해 청소년들이 경험하고 있을 혼란스러운 감정들을 무용치료의 예술적인 방법으로 승화시켜 처리하게 하고, 이해하게 하며, 통합할 수 있게 하는 데 효과적인 것으로 볼 수 있다.

2) 결론 및 제언

무용동작 심리치료가 성폭력 피해 청소년들의 외상 후 스트레스 감소, 뇌파의 긍정적인 변화 및 자아 정체성 향상에 효과가 있는지를 연구한 본 연구의 결론은 첫째, 성폭력 피해 청소년들의 외상 후 스트레스 장애 증상을 완화시켜서 두려움, 불안, 공포의 증상을 보이는 A형 특징, 반복 기억, 좌절, 공포, 슬픔의 지속적 재경험의 증상을 보이는 B형 특징, 회피와 반응의 마비 증상을 보이는 C형 특징, 과민반응의 지속적인 각성 증가의 증상을 보이는 D형 특징 등에 모두 효과를 보였다.

둘째, 무용동작 심리치료는 성폭력 피해 청소년들의 자아 정체감을 향상시키는데, 특히 주체성, 자기 수용성, 주도성, 친밀성 향상에 효과를 보였다.

셋째, 무용동작 심리치료는 성폭력 피해 청소년들의 외상 후 스트레스 장애 증상의 프로그램 처치 전후 뇌파 대역별 알파, 베타, 세타, 감마 절대 파워 및 SEF 50%, 알파 SEF 50%에 영향을 미쳤다.

넷째, 실험집단에서 사후에 세타파가 전전두부에서 증가하였는데, 이는 무용동작 심리치료를 통한 호흡과 이완이 명상과 같은 효과로 나타난 것으로, 결과적으로 집중력, 주의력의 향상 및 뇌의 활성화를 가져온 것이다.

다섯째, 실험집단의 사후 전전두부의 베타파 증가는 감정적 문제 해결에 동기부여를 할 수 있음을 증명한 것으로 볼 수 있다.

여섯째, 실험집단의 전전두부에서 주의, 기억, 사회지각, 동기, 계획하기 등의 기능과 관련된 감마파의 증가는 과거의 기억에 대한 감정 문제에 대응하고 해결하기 위하여 개념화하는 과정에서 활성화된 것으로 보이며, 실험집단의 다른 전 부위에서의 감마파의 감소는 전전두엽이 문제해결에 대한 기능을 보다 잘 수행할 수 있도록 대기하고 있는 것으로, 사전에 비해 사후에 전두엽의 활성화를 통해 감정 문제를 직접적으로 해결하려는 동기부여가 이루어지고 있는 것으로 나타났다.

일곱째, 뇌파 각성의 측면에서 SEF는 좌측 전전두부만 증가하고 나머지는 감소한 것으로 볼 때, 좌측 전전두부는 문제에 대한 구체적인 직시를 위해서 계속 더욱 각성되었지만, 나머지는 작업에 의해 유도된 각성 수준이 낮아진 것으로 보인다.

여덟째, 뇌의 기능에 매우 중요한 알파 SEF 50%가 실험집단에서 전체적으로 사후에 증가한 것은 혼란스러운 감정 문제를 직접적으로 동기부여를 하려고 할 때, 뇌가 정서적으로 쾌적하게 유지하려는 기능이 향상된 것이라고 볼 수 있다.

성폭행 피해 청소년들을 위한 무용동작 심리치료에서는 무엇보다 그들이 느끼는 공포감과 무력감을 정당한 분노로 변화시킬 수 있어야 하므로, 앞으로의 연구에서는 이들의 감각 지각 능력에 대한 의식적인 조절을 회복시켜 자기조절을 하게 하고, 통제되지 않은 행동들과 신체적 · 감정적 상태를 창의적이고 자발적으로 표현하게 하여 긍정적인 능력을 키워 줄 수 있는 실제적 현장 중심의 다양한 사례 연구들이 많이 나와야 할 것이다.

성폭력 피해 청소년들의 외상 후 스트레스 장애와 낮은 자아 정체감은 두뇌의 낮고 원시적인 영역에 자리 잡은 외상 후 스트레스에 의해 촉발된 파편화된 감각, 기억, 경험 때문인 것으로 볼 수 있다. 그러므로 무용동작 심리치료 과정을 통해, 다른 관점으로 발전시키기 위한 긍정적 촉매의 역할을 하면서 안정감, 조절력, 신체 통합의 재구조와 정체성이 개개인에게서 어떻게 변화되는지를 연구하는, 현상학적 질적 연구도 필요하다고 할 것이다.

또한 정서-인지-행동 상태의 자각과 이해력, 조절력을 향상시키고, 이 상태의 구체적인 특성이 무용동작치료의 과정 안에서 심각하게 고통받지 않고 현재, 지금, 여기에서 자신의 존재를 느끼며, 객관적으로 탐구할 수 있는 접근 방법의 프로그램에 대한 연구도 필요하다고 본다. 거기에서는 성폭력 피해 청소년들에게 내재된 분노, 공격성, 적대감, 긴장, 불안, 회피, 해리 등등을 그 형태나 수준에 따라 전통적인 심리치료의 다양한 이론을 바탕으로, 몸의 움직임을 통한 표현적이고 통합적인 방법들을 깊이 연구함으로써 감정적 소통의 어려움에 쉽게 접근할 수 있을 것이고, 이는 정신과 몸의 통합을 필요로 하는 외상 후 스트레스 장애 청소년들을 위한 전체적인 심리치료가 될 수 있을 것이다.

그리고 다양한 시각에서 아동, 청소년의 외상 후 스트레스 반응들을 연구하는 학문 간의 상호접근 방법이 포함되어야 할 것으로 생각한다. 이를 통해 감각, 지각, 인지-정서 작용에 대한 무용동작 심리치료의 효과를 연구해야 할 뿐 아니라, 성폭력에 노출된 청소년들의 회복에 중요한 다양한 치료 방법을 계획하고 수행하고 평가하는 연구도 해야 할 것이다. 그래서 비디오를 통한 동작 관찰 분석과 정서 평가 등의 연구도 필요할 것이다. 나아가 외상 후 스트레스 반응들은, 복합적으로 피해자들을 괴롭히고, 시간이 지나면서 발전하고 변하므로, 발달적 체계 내의 생리적, 신경 생물학적, 행동적 과정들 간의 상호작용을 다루는 심리 생리적 접근의 연구 방법과 함께, 연계 및 미래의 예방적 중재들에 대한 고안도 연구해야 한다고 본다. 그리하여 다양한 형태의 무용동작 심리치료의 연구를 통해, 성폭력 피해 청소년들의 고통스러운 감정적 경험을 긍정의 심리적 · 신체적 경험으로 통합할 수 있는, 보다 전체적인 접근 방법으로 나아갈 수 있을 것이다.

가족무용동작치료

1. 서론

무용치료는 신체의 동작에 내부의 감정 상태를 반영시켜, 자기탐구와 자기표현, 정직한 의사소통과 긍정적인 상호작용이 일어나게 하므로 가족무용동작치료 과정에서 가족 구성원들의 정서적 · 감정적 장애 요소들이 효과적으로 해소될 수 있다.

가족은 가정마다 고유한 특성이 있고, 나름대로 규칙, 역할, 세력, 구조, 의사소통의 유형을 발전시켜 온 하나의 사회체계이다. 가족은 강력한 구조로 조직되고, 복잡하고 은밀하고 감춰진 형태의 의사소통을 발전시킨다(Goldenberg & Goldenberg, 2004:3). 그러므로 인간의 문제는 문제행동을 보이는 한 개인의 문제로 국한할 수가 없고, 그가 속한 체계 자체의 결함을 표현하고 있다고 본다.

최근, 정신과 신체의 통합, 자기표현과 의사소통에 도움을 주는 새로운 형태의 심리치료인 무용치료에 대한 인식과 필요성이 커지고 있다. 무용치료는 정서 장애 아동, 부적응 청소년, 약물 문제, 성폭력, 치매 노인 등등 다양한 개인과 그룹에서 가족치료까지 적용된다(류분순, 2004:7-11).

가족치료의 최근 추세는 절충주의와 통합으로 가고 있으며, 치료학자들은 이론적 경계를 넘나들며 개념과 기술을 빌려오고 있다. 그러나 각각의 이론적 개념의 차이가 여전히 존재하며, 가족치료의 통합된 새로운 이론을 창출할 가능성에 대한 논쟁도 여전히 남아있다.

가족무용동작치료는 21세기 급격히 변화하는 정치, 사회, 문화, 경제 속에서 현대의 가족이 안고 있는 가족해체, 고립, 가출, 자살, 폭력, 고부갈등, 부부갈등, 부모-자녀갈등 등의 문제에 다가서기 위한 것으로, 무용을 통해 가족의 소통과 가족 간의 이해를 돕기 위한 치료이다.

따라서 본 연구는 정신 역동적 이론을 중심으로 가족무용동작치료의 이론적 배경을 고찰, 비교 분석하며, 가족무용동작치료의 임상 연구학자 다이앤 둘리카이Dianne Dulicai, 주디스 벨Judith Bell, 제임스 머피James Murph의 실제적인 가족무용동작치료 사례를 제시하여 향후 가족무용동작치료의 기초자료를 제공하는 데 그 목적이 있다.

2. 가족 무용동작치료의 이론적 배경

1) 가족무용동작치료의 개념

가족무용동작치료는 가족의 관계성에 대한 맥락과 가족 상호작용의 과정을 중요시하는 역동성에 그 기초를 두고 있다. 무용치료 과정에서는 개인 참여자를 무시하지 않도록 주의하면서 가족 체계의 안팎에서 일어나는 다양한 행동과 정보에 대한 문제의 경로들을 바라보는 것이 중요하다. 그동안 소수의 무용치료사들이 가족을 치료하였지만, 아직까지도 가족에 대한 무용치료는 비교적 새로운 일이다. 1960년대에 바르트니에프Bartenieff, 슈마이스Schmais는 미국 브롱크스 주립 병원에서 언어적 가족치료 세션에서 관찰된 비언어적 커뮤니케이션을 분석하는 일을 하였다. 또한 케스틴버그Kestenberg는 에포트Effort · 형태Shape 이론과 그녀의 심리 분석적 생각의 상관관계를 개발하고, 그 상관관계를 가족, 특히 부모 · 자녀, 부모 · 유아의 상호작용에 대한 분석에 적용했다. 그러나 무용치료사가 가족 시스템에 대한 개입의 도구로 그들을 관찰하고, 무용동작 기술의 사용 가능성을 논의하게 된 것은 1970년대가 되어서였다(Fran, 1988:249).

오늘날 가족치료 치료모델의 중심은 절충적이고 통합적이다. 가족치료의 이론은 실제 치료에서 억지로 강요되기보다는, 가족에 대한 정보를 조직하고 그것을 어떻게 찾아 나가야 하는지, 또 치료계획과 개입을 어떻게 정해야 하는지 등을 돕는 역할을 한다.[2] 패터슨(Patterson, 1997)은 가족치료의 분명한 이론적 위치는 측정한 치료계획의 구조적 토대를 제공한다고 주장하였으며, 치료사는 개입 방법을 사용하기 전에 그의 주요 이론적 중심을 가져야 한다고 주장하였다.

가족치료에 있어서 가족 발달과 기능을 이해하는 데 중요한 다양한 이론들의 유용성은 다음과 같은 기준(Goldenberg & Goldenberg, 2004:127)을 명심해야 한다.

- 통합적인가?(comprehensive): 이론이 가족기능에 대한 이해를 다루고 있으며 과잉 단순화를 피했는가? 모든 가족의 모든 상황에 일반화될 수 있는가?
- 절제적인가?(parsimonious): 연구 현상을 설명하기 위해 가능한 한 최소의 필요한 가정을 사용했는가?
- 검증 가능한가?(verifiable): 관련된 경험적 자료가 수집된다면 확증할 수 있는 행동에 대해 예측을 만들어낼 수 있는가?
- 정확한가?(precise): 개념들을 정확히 정의하며, 개념 간, 그리고 개념과 자료가 서로 연결되는가?(지나치게 비유적이며, 은유적이고, 분석적인 언어에만 의존하는 것을 피하고 있는가?)
- 경험적으로 타당한가?(empirically valid): 이론에 의한 예측에 체계적이고 경험적 실험을 통해 이론을 확증했는가?
- 고무적인가?(stimulating): 반응을 자극하고 이론을 강화하거나 비적절성을 보여주기 위한 후속적 탐색을 자극하는가?

2) 이 선택성 요인 때문에 각 이론은 불가피하게 제한적이며 일방적이지만, 어떠한 이론도 모든 관찰된 행동유형을 설명, 예측하거나 모든 행동적, 심리 내적, 대인 간 문제들에 대한 치료적 합리화를 제공할 수는 없다(Goldenberg & Goldenberg, 2004:126).

따라서 가족치료에서는 가족을 하나의 체계로 보며, 그 체계 속의 상호교류 양상에 개입함으로써 개인의 증상이나 행동에 새로운 변화가 일어나도록 추구하는 치료적 접근법이다. 즉, 개인을 둘러싼 환경요소 중에서도 가족을 치료적 매개로 사용하는 것이라고 볼 수 있다.

2) 정신 역동적 가족치료의 이론

(1) 정신 역동적 이론의 견해

프로이트Sigmund Freud의 정신분석학적 모델로부터 유래된 개인행동에 대한 정신 역동적인 관점은 한 인간의 내면에서 그 사람의 행동 동기나 갈등, 증상을 이해하기 위한 기본으로서, 그 사람의 내재적인 힘drives에 반대되는 상호작용에 초점을 맞췄다. 다시 말해서 추동drives은 무의식적인 바람과 만족을 추구하는 충동들의 형태를 이루는 신체적인 요구의 수단들에 의해 행동을 동기화한다. 프로이트는 각각의 추동이 목표(말하자면, 성적인 혹은 공격적인 긴장감의 표출), 원천(예를 들어 배가 고플 때, 영양공급을 위한 신체적 필요), 자극(추동의 급박함이나 압력), 대상(음식, 성교와 같이 충동을 만족시킬 수 있는 사람이나 물건, 혹은 상황) 등의 네 가지 구성요소로 이루어져 있다고 주장했다 (Goldenberg & Goldenberg, 2004:131-132). 그러나 이것은 그 자체로서 진정한 목표가 아니며, 그 대상이 실생활에서 어떻게 행동하느냐도 아니다. 그것은 경험한 대상에 대한 환상이다. 프로이트의 말에 따르면, 다른 사람을 사랑하게 되는 것은 그 사람 내면의 생각에 대한 에너지를 소비하며, 그 특별한 사람에 대해 정신적인 표현을 바치는 것을 포함한다고 한다. 비록 프로이트가 개인 인격 형성에 있어서 환경적 요인, 특히 (우리가 가족 상황으로 묘사한) 부모님이 하위의 역할을 한다는 것을 알고 있지만, 그럼에도 불구하고 가족 구성원들의 참석은 정신 심리학적 중재에 있어서 장애물로 간주한 채, 치료는 개인에게 초점을 맞춰야 한다고 주장했다. 처음에 프로이트는 신경과민의 고통을 덜어주기 위한 가장 효과적인 방법은 환자의 신경의 감정전이를 해결하고 분석하는 것이라고 믿었다. 그러나 정신분석학 이론은 오로지 개인의 인격 발달에 관심을 가진 듯이 생각되지만, 그것은 개인과 가족들의 상호관계에 깊이 기초를 두고 있다(Goldenberg & Goldenberg, 2004:132).

니콜스Nichols(1987:3-5)도 개인 역동은 정신 역동적 가족치료로 회귀해야 한다고 주장하였는데, 우리가 아무리 전체 가족에 초점을 둔다고 하여도 개인은 별개의 개체(독특한 경험과 개인적 희망, 야망, 견해, 기대와 잠재력을 갖고 있는)로 남아있다는 것이다. 가끔 사람들은 개인적 습관에서 벗어나 사적 이유로 반응할 수도 있는 것이다. 니콜스의 전체적 관점인, 소위 상호작용적인 정신 역동을 수용하는 정신분석 중심의 치료자들은 개인과 가족 역동의 중요한 속성에 계속 주의를 기울일 것을 주장하고 있다.

또한, 새로운 견해는 관계 중심적인 것으로, 개인이 추구하는 것이 가족원들의 내적 삶과 갈증에 어떻게 맞물려 있으며, 그것이 가족원의 장애에 어떻게 영향을 미치는지에 관한 것이다. 이러한 노력들은 대개 대상관계이론object relation theory에 영향을 받았는데, 이는 정신 역동 중심의 치료로, 1950년대 영국에서 시작되었으며 애착과 관계에 대한 사람들의 근본적인 욕구를 강조하고 있다. 대상관계 가족치료에서는 개인 내적 힘과 개인들 간 힘의 상호작용이 치료 과정에서 탐색된다. 특히, 생애 초기의 잘못된 관계 경험(내면화되어 현재의 선택과 경험에 영향을 미치는)을 검토하는 데 노력을 기울인다.

(2) 아들러와 설리번의 가족치료 이론

알프레드 아들러Alfred Adler는 개인이 의식하고 있는 개인적이고 사회적인 목표뿐만 아니라, 목표를 이루기 위해 수반되는 행동들은 사회적 맥락이나 환경, 특히 행동이 시작되고 표현되는 가족에 대한 이해에 의해서만 완전히 이해될 수 있다고 주장했다. 형제간의 경쟁, 가족모임, 그리고 삶의 방식들과 같은 아들러 개념으로 가족과의 경험들이 어른 행동에 영향을 끼치는 중요한 역할을 한다는 아들러의 인식을 증명해준다. 분할할 수 없는 인간에 대한 그의 전인적인 관점은 오늘날의 가족치료에 있어서 응용할 수 있다. 아들러의 직접적인 가족치료 연관성은 오늘날 부부관계 개선 교육 프로그램과 같은 정신분석교육학적인 노력과 함께, 어른과 아이의 이해 및 협력(Dinkmeyer & McKay, 1997)을 촉진시키기 위해 수행되는 부모교육, 가족치료의 주요한 접근법(Sherman & Dinkmeyer, 1987) 중 몇몇 접근법과 아들러설의 개념을 통합하는 데 있어서 찾아볼 수 있다. 모삭(Mosak, 2000), 칼슨과 슬라빅(Carlson & Slavik, 1997)은 아들러식 정신분석치료에 관해 최근에 개관을 제시했다.

또한 미국 정신과 의사인 해리 설리번Harry Stack Sullivan은 인성 발달에서 대인관계의 역할을 강조하였다. 그는 사람들이 근본적으로 사회적 상호작용을 창출한다고 주장하였다. 사람들이 어떻게 기능하는지를 이해하기 위해서는, "상대적으로 지속적이고 반복적인 대인관계 상황의 유형"을 연구할 것을 촉구했다. 대부분의 정신분열증 환자와 일하면서 설리번은 장애가 청소년기의 과도기에 외면화된다는 것에 주목하면서, 환자의 지속적인 가족생활이 정신분열까지 초래한 혼돈을 만들어내는 데 중요한 효과가 있을 것이라고 추론하였다(Perry, 1982).

(3) 애커먼의 정신분석과 가족 역동

네이선 애커먼Nathan Ackerman은 가족을 상호작용하는 인격체로 보았다. 그는 일찍이 가족기능을 완전히 이해하려면 각 가족원의 독특한 성격, 가족역할적응의 역동, 인간 가치에 대한 가족의 협약, 그리고 사회적 단위로서의 가족의 행동 등을 알아야 한다고 하였다. 개인 수준에서 증상형성과정은 심리 내적 갈등 → 갈등으로부터 초래한 불안에 대한 방어 → 초래된 신경증적 증상의 발전 등을 통해 이해될 수 있다. 가족 수준에서 증상은 반복적이며 예측 가능한 상호작용 유형(개인 균형을 유지하기 위한 것 같지만 사실은 가족역할 관계를 왜곡함으로써 가족의 항상성을 해치는)의 일부이다. 가족 용어로 개인의 증상은 가족 갈등이나 불안, 방어를 공유하는 맥락을 반영하는 대인관계의 행동 단위이다. 행동을 이런 식으로 개념화함으로써, 애커먼은 정신분석과 체계이론을 연결하기 시작하였다(Ackerman, 1970).

애커먼에 의하면, 가족은 "새로운 경험을 동화시키고, 가족역할 관계의 새로운 수준의 보완성을 기르고, 갈등 해결의 활로를 찾으며, 불안에 대항하는 중요한 형태의 방어를 강화하여, 창조적 발달을 지지하도록" 도움을 받아야 한다(1966:90-91).

가족 행동이 안정되기 위해서는 융통성과 역할의 적응성이 필수적이다. 시간에 따라 변하는 가족 내의 역할에 있어 성숙해가는 자녀들이 적절한 정도의 자율성을 얻도록 허용해야 한다. 갈등은 여러 수준에서 일어날 수 있다(가족원 개인 내에, 핵가족의 구성원 간에, 확대가족을 포함한 세대 간에, 또는 가족과 지역사회 간에). 애커먼은 관찰을 통해, 어떤 수준의 갈등이든 가족 체계를 통해 불가피하게 이것이 반영된다는 것을 알았다. 역할 상호성의 붕괴로 시작된 것은 결국 가족 내의 대인 갈등을 초래하고, 궁극적으로 한 개인이나 그 이상의 심리 내적 갈등을 일으킨다. 만일 내면화된 가족 갈등이 지속적이고 병리적 형태일 경우에는 개인의 갈등이 깊어진다. 애커먼의 치료 목표 중 하나는 보다 넓은 영역인 가족 상호작용으로 심리 내적 갈등을 추정하여, 이 연속성을 차단하는 것이다.

가족원 간의 갈등이 만성화하면, 가족은 경쟁 파벌로 재조직될 위험이 있다. 그 과정은 주로 남과 좀 다른 한 개인이 가족 희생양이나 동네북이 되는 과정을 밟는다. 그 개인은 소외되고 가족 결속을 해친다는 이유로 징벌을 받으며, 가족 대 다양한 역할 재배치가 뒤따르게 된다. 한 가족원은 "박해자"가 되며, 다른 가족원은 편견적 "희생양"에 대한 "치유자"나 "구원자"의 역할을 맡을 수 있다. 따라서 가족은, 애커먼의 표현에 의하면 공유된 무의식적 과정에 따라, 특정 시기에 다른 역할을 하면서 여러 파당으로 갈라진다는 것이다. 관찰에 의하면, 그런 가족 동맹과 대인 갈등은 전형적으로 부부관계의 상호보완성의 실패에서 시작된다고 한다. 그런 가족은 협조적이고 지지적이며 통합적 전체로 기능하지 못한다. 이런 경우에, 애커먼의 치료적 목표는 가족의 관심을 희생양 개인의 행동에서 결혼 관계의 근본 문제로 옮기는 데 있다.

애커먼은 가족에 대한 접근에서 어떻게 사람들이 자기 역할을 정의하는지(아버지가 된다는 것은 무슨 의미인가?)와 그들이 다른 가족원에게서 무엇을 기대하는지(당신은 딸이 이런 상황에서 어떻게 반응했으면 좋겠습니까?)에 대해 언제나 관심이 있었다. 애커먼은 모든 가족원이 그들의 역할을 분명히 정의할 수 있을 때, 가족 상호작용이 보다 부드럽게 진행될 수 있다고 주장하였다. 가족원들은 동맹을 위해 재작업할 수 있고, 새로운 가족관계에 임할 수 있으며, 역할관계에서 새로운 수준의 상호보완성을 키울 수 있다.

애커먼은 가족치료자의 주된 역할은 촉진자catalyst로서, 가족을 "살아있는 공간"으로 옮겨 상호작용을 하도록 하는 것이라고 믿었다. 즉, 가족이 의미 있는 감정교환을 하도록 하고, 동시에 치료자와의 접촉을 통해 그들 자신을 더 잘 이해함으로써 가족원을 격려하고 양육하도록 도와준다. 촉진자로서 가족치료자는 활동자, 도전자, 직언자, 지지자, 해석자, 통합자 등, 넓은 범위의 역할을 해야 한다.

(4) 코헛의 이론

하인츠 코헛Heinz Kohut은 그의 영향력 있는 자기심리학에 관한 사상들을 공식화했고, 자아(개인의 인격의 중심 혹은 주도의 중심)와 (인간의 삶에 대한 조직적인 원리를 규정하는) 외부 대상과의 관계를 강조했다. 20세기 중반에 대상을 연구한 코헛은, 가족 삶의 방식에 변화를 주는 것과 새로운 가족 형태가 프로이트 이론의 많은 부분에 재고찰의 필요성을 제기한다고 믿었다. 그의 관점에서, 개인의(그리고 사람들 간의) 갈등은 본능적인 갈등에서라기보다는, 자신감 결여로부터 어린 시절에 야기된다고 믿었다.

코헛은 어린아이가 나중에 자신이 누구인지에 대한 인식을 형성하는 데 있어서, 그리고 다른 사람들과의 관계를 얼마나 잘 형성하고 유지하느냐에 있어서 보호자인 어머니와의 어릴 적 관계가 얼마나 중요한지, 특히 이에 대해 초점을 맞췄다. 코헛은 본래 유아들은 부모를 분리된 사람이나 대상으로 인식하지 않는다고 하였다.

코헛은 유아들은 아직 자아를 갖고 있지 못하므로 중심 자아는 자아대상과의 상호작용과 그것에서 오는 반응들로부터 생겨나기 시작한다고 하였다. 이론적으로 유아들은 부모님이 주는 두 가지 특성을 경험할 때 중심의 응집력 있는 자아가 발달하기 시작한다고 한다. 한가지 특징은 그들의 감정을 정당화해주는 감정이입이고, 나머지 하나는 (좋은 부모가 있다는 사실과 그들의 일부가 되는 것을 자랑스럽게 여기는) 부모에 대한 이상화이다. 부모의 평가를 내면화한 결과, 아이들은 자기수용과 자신감으로 특징지어지는 독립된 자아를 형성한다. 이와 같이 유아들은 그들의 욕구가 부모에 의해 반영되고, 스스로 자신감을 느끼는 부모와의 상호관계를 통해 욕구가 충족된다고 말했다.

다른 한편 자신에 대한 부모의 충분한 존중이나 스스로 충분한 자신감을 가지지 못한 아이들은 일평생 관심을 원하게 된다. 그 후 특히 유아들의 자기애는 늘 존재하며, 발달 단계를 나타낸다. 그것이 자기애의 병리적인 상황만 나타내는 것이 아니라, 자아에 대한 사랑이 다른 사람에 대한 사랑으로 나아갈 수 있는 발달에 있어서 필요한 동기의 형성체이다(Scharff, 1997:147). 모든 성인은 그들이 이루고자 하는 자기애적 욕구를 계속해서 가지게 되고, 일생 동안 자아대상에 의해 자아의 반영을 계속해서 필요로 한다.

그는 충분히 칭찬받지 못했거나 충분히 관심받지 못한 채 성장한 사람들은 과장된 자기애적 갈망의 편애를 추구할 것이며, 다른 사람을 자아대상으로 경험한다는 사실을 발견했다. 자기애적 성향을 가진 성인들에게 있어서, 자아대상은 자아의 욕구를 채워주는 자신으로부터 구별되지 못한 사람이다. 모든 사람을 자신의 확장으로 간주하고, 자아를 충족시켜줄 대상으로 여긴다. 결혼생활에 있어서, 이상화된 대상이나 반영하는 자아대상을 무제한적인 이용 가능성과의 합병을 끊임없이 추구하면서, 이상화된 파트너 찾기를 계속할 것이다(Goldenberg & Goldenberg, 2004:150).

누구나 다른 사람들로부터 관심받고자 하는 욕구에서 자유롭지 못하다고 한다면, 자기애적 인격은 끊임없이 칭찬받고, 관심받고, 그리고 존경받고자 하는 지나친 욕구를 가졌다고 말할 수 있다. 이러한 개개인은 비평이나 거부 심지어 무관심에도 과장된 분노, 수치심, 그리고 모멸감으로 반응한다. 나르시시스트의 자기애적 열중과 끊임없는 권리감 때문에 다른 사람과의 관계는 필연적으로 금이 갈 것이다.

코헛에 따르면, 본래의 발달 경향의 재활성화가 치료사 내에서 일어나야 효과적인 치료관계가 된다고 하였다. 존경받고, 관심받는 자아장애를 가진 사람이 반영되어야 하고, 믿을 만한 그리고 공감할 수 있는 치료사를 이상화하는 것이 허락되어야 한다. 따라서 치료사는 사람의 나르시스적 욕구를 충족시킬 수 있고, 반영적이거나 이상화 전이를 발달시키는 것으로 시작할 수 있다. 일단 전이가 형성되면, 치료사의 설명은 내담자들에게 나르시스적 관계를 찾는 것에 대해 통찰력을 제공하고, 개인이 더 독립적인 자아를 발달시키도록 도움을 준다(Kohut, 1977).

이상으로 정신 역동적 가족치료의 대표적 이론을 살펴본 바 초기에 정신분석적 모델에 기초한 정신 역동적 관점은 개인 내 힘 간의 상호작용에 초점을 맞추고 있다. 가족치료의 선구자였던 네이선 애커먼은 정신분석 이론과 체계이론의 통합을 시도하여 가족의 역기능을 가족원 간의 역할 상호보완성의 실패(가족 내 개인 간, 개인 내의), 지속적으로 미해결된 갈등의 산물, 편견적인 희생양 등에 의해 파생된 것으로 간

주했다. 이에 따라 그의 치료적 노력은 이런 맞물린 병리를 해결하는 데 목적을 두고 있다. 또한 오늘날의 정신 역동적 위치는 대상관계 이론에 대부분 그 바탕을 두고 있다. 프로이트의 심리 내적, 본능이론과는 대조적으로, 대상관계론의 강조는 유아의 양육자와의 애착에 대한 주요 욕구와 그러한 내면화된 정신적 표상(성인의 관계에서 계속 만족을 추구하는 대상)에 대한 분석에 있다.

아들러는 개인이 의식하고 있는 개인적이고 사회적인 목표, 형제간의 경쟁, 가족모임, 그리고 삶의 방식들이 행동에 영향을 끼치는 중요한 역할을 한다고 주장하고, 설리번은 인성 발달에서 대인관계의 역할을 강조하였다. 또한 코헛의 자기심리학 연구는 오늘날 정신 역동성 지향적인 치료와 실행의 중심이 된다. 그는 어린 시절 보호자인 어머니와의 관계, 특히 자아대상의 확장으로서 어머니를 보는 관점에 초점을 맞추고 있다.

3. 둘리카이, 벨, 머피의 가족무용동작치료

앞에서 살펴본 대로 1960년대에 바르트니에프, 슈마이스는 언어적 가족치료 세션에서 관찰된 비언어적 커뮤니케이션을 분석하였고, 케스틴버그는 에포트Effort · 형태Shape 이론으로 심리 성적 발달 단계별 움직임 리듬을 분석하여 가족 상호작용에 대한 분석에 적용한 바 있다. 그러나 무용치료사가 가족을 관찰하고 무용동작 기술의 사용 가능성을 논의하기 시작한 것은 1970년대였다. 가족무용동작치료 세션의 임상연구로 최근까지 발표된 것은 둘리카이, 벨, 머피의 무용치료가 가장 대표적인 사례이므로 그 실제를 중심으로 살펴본다.

1) 둘리카이의 가족무용동작치료

둘리카이는 케스틴버그와 노스North의 치료를 언급하면서, 가족 상호작용에서 비언어적 의사소통의 역할을 강조한다. 그녀는 “내담자의 원가족과 가족의 문화, 커뮤니티 내 가족의 위치”를 고려하는 것의 중요성을 또한 강조한다(Dulicai, 1976:4). 또한 둘리카이는 정서적으로 장애가 있는 아동을 치료할 때, 가능하면 아동의 일상 개인적 생활에서 혼란이나 병리를 평가하고 수정하는 것이 필수적이라는 애커먼의 이론을 인용하고 있다.

둘리카이는 지배적인 어머니와 아들을 통해 자신의 정서적인 욕구를 채우고자 하는 수동적이고 의존적인 아버지, 그리고 가족으로부터 독립할 수 없는 17세의 아들로 구성된 한 중산층 가족에 대해 자신이 한 치료에서 가족 조각family sculpting의 무용치료를 통해, 가족 체계 내에서 각 식구의 특성을 부여하는 신체적 위치를 조명했다(Dulicai, 1976:7). 그 가족 조각은 어머니의 중심적 위치와 아버지의 의존성, 어머니의 유혹에 대한 아들의 두려움을 나타냈다. 또한 아들이 가족으로부터 멀리 떠나고자 할 때 어머니의 근심 수준이 증가하는 것으로 나타났다.

이 특별한 가족에서, 치료의 주요 목표의 하나는 아들이 가족을 떠나는 것과 그의 성인 생활의 성공을 돕는 것이었다. 부모가 이 목표에 지적인 흥미를 보였기 때문에, 둘리카이는 아들이 집에 머물도록 은연중에 격려하는 비언어적 "메시지"를 드러내는 것이 안전하고 실행 가능하다고 느꼈다. 둘리카이는 다음의 개입 스타일을 시도하였다. 그녀의 목표는 비위협적인 방식으로 비언어적 커뮤니케이션을 해독하기 시작하는 것이었다.

> "아버지와 무용동작치료사는 음악 반주에 맞추어 '엄지손가락 세우기'와 익숙한 단순한 제스처를 시작하였다. 이 제스처에 대한 [가족]의 연상은 '누군가 어디에 가고 있다는 것'이었다. 이 시점에서, 어머니는 아들에게 직접적으로 그가 어디에 가기를 원하는지를 물었다. 그때 아들의 제스처가 '떠나간다'라는 신호라기보다 '이리 온다'는 메시지로 급격히 바뀌었기 때문에, 치료사는 아들에게 어머니의 제스처를 시도하고 흉내 내라고 말했다"(Dulicai, 1976:10).

앞의 예는 둘리카이가 가족을 그들의 비언어적 커뮤니케이션의 인식에 노출시키기 위해 사용한 한 테크닉, 즉 '메시징'이다. '메시징'과 에포트 · 형태를 활용하는 두 번째 테크닉이 아래에 설명된다.

> "나는 단순한 리듬의 두 단계 제스처를 선택해 단순한 운동이 시작되게 하고, 점차

강도를 증가시키고 나서 제스처가 더 이상 공간을 향하지 않고, 다른 사람을 향하도록, 방향성을 추가한다. 또한 가족 내의 개인들을 관찰하고, 그들이 누구에게 어떻게 힘을 사용하는지를 관찰하여 발생한 일에 대해 숙고할 수 있다"(Dulicai, 1976:10).

1970년대에 둘리카이가 사용한 개념적 틀이 오늘날에도 여전히 사용되고 있고, 이 원래의 틀에 대한 많은 연구가 발표되었다. 이러한 종류의 개입이 식구의 역할과 생각, 느낌에 대한 가족의 사려 깊은 토의로 이어질 수 있다. 이 사례에서, 아버지는 자신의 역할에 대해 말하고, 이 역할이 그의 과거 경험에서 어떻게 생겨났는지를 말했다. 차례로 움직이는 동작 순서에서, 어머니가 아들에게 자신의 방식을 지시하는 것이 관찰되었다. 아들의 신체적 반응의 심각성 때문에, 둘리카이는 이것을 이때 가족의 의식적 인식에 가져오는 것이 파괴적일 거라고 생각했다. 둘리카이는 이것을 가족 동작 치료의 한 중요한 측면, 즉 "어떤 종류의 데이터가 사용되기 위해 필요하고, 어떤 종류가 방어될 필요가 있는지"를 아는 것이라고 말한다(Dulicai, 1976:11). 둘리카이는 파괴적 가족 메시지에 개입하고, 때로 그렇지 않으면 치료사를 향해 아이에게 갈 수 있는 적개심을 돌리는 것의 중요성을 강조한다. 18개월 동안, 둘리카이는 부분적으로 아들이 부모로부터 받는 비언어적 메시지에 개입하고, 종속관계를 깨려는 아들의 노력을 지지함으로써 그가 가족과 자신을 구별하는 것을 도왔다. 이와 동시에 둘리카이는 부모가 아들을 통해서가 아닌 다른 방법으로 그들의 요구를 만족시킬 수 있는 방법을 찾도록 격려함으로써 아들에 대한 집착 관계를 끊는 것을 도왔다.

둘리카이의 다른 보고서(1977)에서는 3살에서 7살까지의 아이들이 있는 여덟 가족을 18개월 동안 관찰한 것을 설명하였다. 이 연구는 몇 가지 이론적 접근법의 요소들을 결합한다. 그 방법은 어떤 환경(놀이방, 진료소, 무용 스튜디오)에서건 발생할 수 있는 상호작용을 관찰함으로써 가족 역동을 드러내기 위해 고안되었다. 둘리카이는 비언어적 요인과 가족 상호작용 패턴을 평가하기 위해 차트와 평가 시스템을 개발했다. 그녀의 신체 동작 평가 척도는 정서적 내용과 동작 요인을 결합하였다. 이 연구에서 평가된 데이터에 근거해, 가족 내 잠재적인 변화의 등급을 매기기 위한 도구가 개발되었다.

둘리카이는 1980년 논문에서 둘리카이의 척도 "가족 시스템의 비언어적 평가" 사용에 대해 논의하였다. 저자들은 필라델피아의 자폐아 발달 센터에서 어머니 · 아이 양자관계에 대해 4개월간의 연구를 수행하였다. 어머니는 만성적으로 우울한 것으로 보고되었고, 7살 된 아이는 2살 반 내지 3살 정도의 발달 수준에서 기능하고 있었다.

연구 기간 동안 세 차례 세션에서 녹화된 비디오테이프를 등급을 매기는 방식으로 분석해 어버이 · 자녀 평가가 실시되었다. 결과 자료가 논의되었고, 이에 근거해 치료 목표가 세워졌다. 동작 치료 세션에서 기인하는 매일의 정서적 성장과 행동의 변화에 근거해 더 많은 데이터가 기록되었다. 치료의 목표는 가족 내 관계를 증진하고, 가족의 정서적 성장을 촉진하는 신체적 · 심리적 역학을 개발하는 것이었다.

관찰과 평가의 목표를 위해, 초기 세션들은 별다른 지시 없이 진행되었다. 어머니는 자신이 원하는 어떤 식으로건 자녀와 놀 수 있었다. 치료사들은 자녀가 놀이를 개시할 때 어머니가 그에 대해 반응하고, 자녀의 수준에 맞추려고 노력할 것을 격려하지만, 어떤 구체적인 주제나 과업을 제시하지는 않았다. 처음 녹화된 세션 동안에는 어머니도 자녀도 관계에 대해 별 가능성을 보이지 않았다. 어머니는 자녀의 요구보다 자신의 요구에 대해 더 많이 생각하는 듯하였다.

지속적인 평가에 근거해, 아이에 대한 개별 세션은 공간적 명료성과 조정에 초점을 맞추었다. 어머니 · 아이 세션은 무용동작을 통한 대화와 특히 나눔, 관계, 조정과 지원에 관한 측면에 초점을 맞추었다. 세 번째와 마지막 녹화된 세션에 의해, 동작과 상호작용의 상당한 변화가 명백해졌다. 어머니는 짧은 시간 동안 아이를 양육할 수 있었고, 아이가 동작을 개시하고 탐구할 때 그를 지원할 수 있었다. 아이는 더 집중하고, 자신의 동작으로 표현하고 말하게 되었다.

2) 벨의 가족무용동작치료

주디스 벨Judith Bell은 다양한 무용동작치료의 테크닉을 가족치료에 통합하였다(Bell, 1984). 벨은 가족들이 알아차리지 못하는 가족들의 매일의 동작과 "호흡, 안색, 눈맞춤의 미묘한 변화"까지 관찰하였다. 벨은 창조적 동작을 의식적 인식에 가져오는 구조적, 비구조적 동작 즉흥성을 정하였고, 또한 행동 기저의 느낌과 동기에 대한 이해를 촉진하기 위해 스스로의 자기 관찰을 강조하면서 진정한 움직임을 활용하였다.

벨은 모든 상호작용에서 동작을 보기 때문에, 인간 경험의 모든 수준, 즉 신체적 행동에서뿐 아니라 감정과 신념, 가치의 형성과 표현에서 동작 과정을 설명하였는데, 그녀는 가족 행동 패턴을 "키네틱 해석Kinetic Translations"으로 전달하는 것이 자연스럽다고 생각한다. 이것이 가족무용동작치료 세션에서 보이는 행동의 비언어적 재현이다.

예를 들어, 삼십 대 중반의 어머니인 사라Sarah는 남자친구 데이브Dave가 그녀의 10살 된 딸인 수지Susie와의 관계를 '끊으려고' 하는 것에 대해 불평했다. 치료사는 데이브가 어떻게 사라와 수지의 관계를 끊으려 했는지 동작을 통해 상징적으로 나타낼 것을 부탁했다. 그는 바닥에 두 사람을 나란히 앉혀 놓았다. 그러자 데이브는 그들 앞에 서서 손으로 그들의 얼굴을 떼어놓고, 그들의 얼굴 사이에 자신을 얼굴을 밀어 넣으며 돌진하려고 했다. 사라는 그것이 바로 자신이 말하고자 했던 것이라며 비명을 질렀다.

비언어적 동작을 통해 행동의 골자를 추려냄으로써 가족 구성원들은 정서적 효과로 분명하게 극적으로 의사소통하였다. 데이브는 자신의 행동을 부인하거나 그것의 정서적 효과를 부인할 수 없었다. 그러나 그는 이 처음 해석이 그의 진실한 의도를 나타내지 않는다고 말하고, 또 다른 기회를 원한다고 했다. 치료사는 데이브에게 다른 접근법을 시도해 볼 것을 요구했다. 이번에, 데이브는 사라와 수지를 팔에 끼우고 꽉 안았다.

이 행동에 대해 보인 사라의 반응은 질식할 것 같은 느낌과 분노였다.

그러자 치료사는 사라에게 그녀가 원하는 상태를 내보일 수 있게 가족의 현재 현실을 묘사하는 것 이상으로 동작을 진행할 것을 요구했다. 사라는 그들이 모두 똑같은 키가 될 수 있도록, 수지는 서 있고, 자신과 데이브는 무릎을 꿇고 있는 장면을 구성하였다. 세 사람 모두 옆구리에 손을 대고 있었다. 이것이 데이브가 사라의 느낌을 더 분명하게 알게 했을 뿐 아니라, 치료사가 어머니와 딸의 경계 문제와 어머니와 남자친구 간의 힘의 문제 같은 가족의 상호작용에 필요한 추가적 주제 또는 '핵심 과정'에 대한 풍부한 자료를 얻게 했다. 벨은 치료가 진행됨에 따라 '직감'으로 즉흥성을 통해 얻어진 이 동작 정보를 확인되거나 무시되어야 할 것으로 처리해야 함을 강조한다.

벨은 기본적 대인관계 지향성Fundamental Interpersonal Relationship Orientation[FIRO]을 사용하면서 가족 상호작용에 관한 그녀의 생각을 조직하였다.

FIRO는 모든 대인관계 현상을 분류하기 위해 세 가지 차원을 가정하는데, 그것은 바로 **참여, 지배, 친밀**이다.

참여는 "소속, 일체감, 독특함의 인정, 관계에 참여하려는 욕망과 관심받고 탁월하고자 하는 욕망"을 말한다.

지배는 "권력을 행사하거나 넘기고 싶은 욕망"으로 정의된다.

친밀은 취약성의 문제에 관한 것이다. 친밀은 "투명성 정도 또는 프라이버시 추구, 개인적이고 친밀한 것 또는 비개인적이고 먼 관계에 대한 욕망"과 관계된다(Bell, 1984:200). 벨은 FIRO의 상호작용 주제가 치료의 발달 단계와 함께 발전하는 경향이 있다고 생각했다. 즉 치료의 처음 단계에서는 참여, 중간 단계에서는 지배, 그리고 마지막 단계에서는 친밀이 향상되는 것이다(Bell, 1984:233). 각 주제와 각 단계는 치료사에게 다른 행동과 역할을 요구한다. 벨은 두 개의 편리한 도식으로 각 단계의 전형적 가족 행동과 태도, 목표와 함께 치료사에게 요구되는 행동과 역할을 요약한다.

- 표현(Express): 참여-지배-친밀
- 희망(Want): 참여-지배-친밀

벨은 변화에 영향을 미치기 위해 동작의 힘을 분명히 사용하고, 처음이자 마지막 의지처로 동작에 돌아간다. 그러고 나서 벨은 사고를 분명히 하고, 이론적 틀과 적응을 통해 정보를 체계화한다. 벨의 방법은, 특히 방법의 확장에 관심이 있는 무용치료사들과 비언어적 커뮤니케이션과 신체 동작의 잠재성에 대해 잘 모르는 다른 분야 출신의 가족치료사들에게 유용하다.

3) 머피의 가족무용동작치료

정신과 의사이자 무용 치료사인 제임스 머피James Murphy는 가족에 대한 치료에서 심리치료 도구로서 신체 동작의 사용을 실험하였다. 머피는 "무용과 동작 치료를 가족치료 이론과 테크닉을 통합하는" 그의 "실험-교육적 접근법"을 설명하였다(Murphy, 1979:61). 머피의 프로그램은 1세 미만의 유아를 둔 가족들에 대해서만 실시되었다. 집단은 각 세션에 유아를 참가시킨 네 가족으로 구성되었는데, 세션은 워크숍 환경에서 실시되었다. 머피는 동작 수준에서 가족 상호작용의 역동을 관찰하고 해석하고 변화시키는 것이 가능하다고 생각했다. 또한 머피는 비언어적인 상징적 수준에서만 치료사가 유아를 직접적으로 치료할 수 있다고 주장하였다.

머피의 테크닉은 긴장을 감소시키고 갈등적인 행동 패턴을 조절하며, 부모와 자녀 간 커뮤니케이션 및 안정, 유아의 건강한 성장 발달에 긍정적으로 영향을 미치는 특정 동작 개입과 행동 변화에 의존한다.

이상으로 살펴본바 가족들을 치료하는 무용치료사는 무용동작 개념(에포트 · 형태)을 가족치료 개념과 결합하면서, 특히 비언어적 의사소통과 상호작용의 유형에 대해 신경을 쓴다. 무용치료사와 가족치료사 모두 비언어적 커뮤니케이션과 상호작용을 다루기 때문에, 무용동작과 언어화라는 매체를 이용해 이루어진 가족치료는 매우 자연스러워 보인다.

4. 둘리카이, 벨, 머피의 가족무용동작치료의 특성

1) 둘리카이의 가족무용동작치료의 특성

둘리카이는 아동이 있는 여덟 가족을 18개월 동안 관찰 · 기술하고, 상호작용의 관찰을 통해 가족 서로를 이해할 수 있게 하였다. 정신분석 이론과 체계이론의 통합을 시도하였으며, 가족의 역기능을 가족원 간의 역할 상호보완성의 실패(가족 내 개인 간, 개인 내의)와 지속적으로 미해결된 갈등의 산물 등에 의해 파생된 것으로 보고 있으며, 치료과정에서는 이러한 맞물린 병리를 해결하여 가족의 정서적 성장을 촉진시켰다.

- 가족 상호작용에서 비언어적인 소통의 역할을 중시하고 강조
- 가족에게 필요한 정신 역동적인 무의식 메시지 사용
- 발달 단계에 따른 에포트 · 형태의 사용
- 가족 시스템의 비언어적인 평가는 신체의 움직임과 함께하는 키네틱Kinetic(전달 수단으로서의 몸짓, 표정, 근육 움직임)을 중심으로 평가

2) 벨의 가족무용동작치료의 특성

다양한 신체의 움직임 작업과 인간 경험의 모든 수준에서의 신체 행동, 정서적 표현, 인지의 상호작용을 중시하는 FIRO(기본적인 대인관계 지향)를 응용해서 가족 상호작용에 적용하고 체계화하였다. 벨은 인간 경험의 모든 수준, 즉 신체적 행동뿐 아니라 감정과 신념, 가치의 형성과 표현에 있어서 동작 과정을 모든 상호작용에서 본다. 그녀는 가족 행동 패턴은 동작의 움직임으로 해석하는 것이 자연스러우며, 가족무용동작치료 세션에서 보이는 것은 행동의 비언어적 재현이라고 하였다. 벨의 치료적 접근은 무의식적인 것들을 자극하고, 해석해 주고, 통찰을 제공하고, 전이와 역전이 감정을 이용하여 가족으로 하여금 과거의 내면화된 대상이 현재 가족관계에 개입한다는 것을 인식하도록 도왔다. 따라서 근본적인 목표는 가족원들이 서로의 애착에 대한 욕구와 개별화, 개인적 성장을 지지하도록 하는 데 있다. 따라서 다음과 같은 특성을 갖고 있다.

- 몸짓의 즉흥적 표현과 정서적 행동을 창조적인 동작으로 발견
- 내면 관찰을 통한 복잡한 감정과 모호한 행위에 대한 이해와 동기부여 촉진
- 가족들의 대화에서 나오는 움직임을 관찰하고 가족의 행동 패턴으로 내면 바라보기

3) 머피의 가족무용동작치료의 특성

머피는 주로 1세 미만의 유아를 가진 가족을 중심으로 치료를 하였으며, 가족 상호작용에서 일어나는 움직임의 수준을 인식하고 변화할 수 있게 하였다.

즉 비언어적인 상징의 수준에서 유아도 참여할 수 있게 하였는데, 부모와 유아 간의 긍정적인 커뮤니케이션이 유아 성장의 조화와 안정에 영향을 준다는 것이다. 머피는 부모와 유아의 역동성과 비언어적인 지지를 중시하였고, 에포트 · 형태의 정신 역동적 적용으로 가족의 긴장과 갈등적인 행동 패턴을 줄이고 행동을 변화시킴으로써 긍정적인 발달을 가져오게 하였다.

- 부모와 아이의 역동성과 비언어적인 지지를 중시
- 에포트 · 형태의 정신 역동적 적용
- 가족의 긴장과 갈등적인 행동 패턴을 줄이고 행동을 변화시킴

이상으로 세 사람의 공통점은 정신 역동적인 이론을 바탕으로 이루어졌으며, 비언어적인 상호작용과 에포트 · 형태 개념들을 가족치료 이론과 결합시키고 있다는 점이다.

5. 결론

본 연구는 정신 역동적 가족무용동작치료에 대한 연구로서, 정신 역동적 이론을 고찰, 비교 분석하였으며, 대표적 가족무용동작치료의 임상 치료자 둘리카이, 벨, 머피의 실제적 접근을 살펴본바 다음과 같은 결론을 도출하였다.

첫째, 가족무용동작치료의 개념은 가족의 관계성에 대한 맥락과 가족 상호작용의 과정을 중요시하는 역동성에 그 기초를 두고 있다. 개인을 둘러싼 가족의 환경적 요소에서 일어나는 다양한 정보를 비언어적인 행동과 커뮤니케이션을 통해 개입하고, 정신 역동적 이론과 케스틴버그의 에포트 · 형태 이론의 상관관계를 가족 상호작

용에 대한 분석에 적용한다.

둘째, 둘리카이, 벨, 머피의 가족무용동작치료 이론은 다음과 같이 요약될 수 있다.

둘리카이는 정신분석 이론과 체계이론의 통합을 시도하였으며, 가족의 역기능을 가족원 간의 역할 상호보완성의 실패(가족 내 개인 간, 개인 내의), 지속적으로 미해결된 갈등의 산물 등에 의한 것으로 보고 있으며, 치료과정에서는 이러한 맞물린 병리를 해결하여, 가족의 정서적 성장을 촉진시켰다.

벨은 인간 경험의 모든 수준, 즉 신체적 행동뿐 아니라 감정과 신념, 가치의 형성과 표현에 있어서 동작 과정을 모든 상호작용에서 본다. 그녀는 가족 행동 패턴은 동작의 움직임으로 해석하는 것이 자연스러우며, 가족무용동작치료 세션에서 보이는 것은 행동의 비언어적 재현이라고 하였다. 벨의 치료적 접근은 무의식적인 것들을 자극하고, 해석해 주고, 통찰을 제공하고, 전이와 역전이 감정을 이용하여 가족으로 하여금 과거의 내면화된 대상이 현재 가족관계에 개입한다는 것을 인식하도록 도왔다. 따라서 근본적인 목표는 가족원들이 서로의 애착에 대한 욕구와 개별화, 개인적 성장을 지지하도록 하는 데 있다.

머피는 자기심리학과 정신 역동성 지향적인 치료와 실행이 중요하다고 본다. 어린 시절 양육자인 어머니와의 유아 관계, 특히 자신의 자아대상의 확장으로써 어머니를 보는 관점에 초점을 맞추고 있다. 머피의 무용치료 테크닉은 긴장을 이완하고 갈등적인 행동 패턴을 감소시키며, 부모와 유아 간의 커뮤니케이션의 조화, 안정감과 유아의 건강한 발달에 긍정적으로 영향을 미치는 특정 동작의 개입과 행동 변화에 초점을 두고 있다.

셋째, 둘리카이, 벨, 머피의 가족무용동작치료의 특성을 살펴보면, 둘리카이는 비언어적인 소통의 역할을 중시하고 정신 역동적인 무의식 메시지를 사용하였으며, 발달 단계에 따른 에포트 · 형태의 사용과 가족 체계의 비언어적인 평가는 신체의 움직임과 함께하는 전달 수단으로서의 몸짓, 표정, 근육 움직임을 중심으로 평가하였다.

벨은 몸의 움직임 작업으로 가족들이 통합적으로 만나게 하였고, 즉흥적 움직임을 창조적인 동작으로 인식하게 하였다. 또한 내면을 관찰하게 하고 여러 가지 복잡한 감정과 모호한 행위에 대한 이해와 동기부여를 촉진시켜, 인간 경험의 모든 수준에서 신체적 행동, 정서적 표현, 인지의 상호작용을 중시하였고, FIRO(기본적인 대인관계 지향)를 응용해서 가족 상호작용에 적용하고 체계화하였다.

머피는 1세 미만의 유아를 가진 가족을 중심으로 치료하였고, 비언어적인 상징의 수준에서 유아도 참여할 수 있게 하였다. 부모와 유아의 역동성과 비언어적인 지지를 중시하였고, 에포트 · 형태의 정신 역동적 적용으로 가족의 긴장과 갈등적인 행동 패턴을 줄이고 행동을 변화시킴으로써 긍정적인 발달을 가져오게 하였다.

세 사람의 공통점을 살펴보면, 정신 역동적인 이론을 바탕으로 가족 간의 비언어적인 상호작용의 중요성과 에포트 · 형태 개념들을 가족치료 이론과 결합했다.

DMP 예술 심리치료 적용 대상과 그 효과

1. 아동

아동들은 무용동작치료[DMP]에 있어서 가장 유용한 대상들이다. 모든 아이는 어떤 식으로든 움직인다. 그 행동은 대화의 전체적 수단이므로 몸 · 정신 · 마음의 통합 방법으로 다른 사람과 같이 움직이게 하고, 여기서 나타나는 동작을 통한 대화는 그들을 알게 하는 데 중요하다.

무용동작치료는 ADHD, 학교 부적응 아이들의 신체 조절을 통한 감정조절에서 크게 향상을 보였다. 사회적 공간과 개인 공간을 혼동하는 학대받은 아이들에게 있어서도 무용동작치료의 효과가 보고되고 있다.

샤론 구딜Sharon W. Goodill 또한 무용동작치료가 아이들에게 공간에서의 운동 조절과 그들 자신의 몸에 대한 주인의식과 자기 조절 감각 회복을 도울 수 있다고 보고했다(Goodill, 1987). 무용동작치료는 신체적 감각의 행동을 통해 공간 운동의 개념을 이해하는 데 있어 아이들을 도와왔다. 이러한 아이들의 창조적 무용은 표현의 형태로서의 몸과 표현의 매개체로서의 몸의 운동에 중점을 둔다. 또한, 비정상적인 아이들에게 무용동작치료 후에 근육 조절, 균형감각, 공간인식의 중요한 향상을 발견했다. 아이들에 있어서 무용동작치료 효과를 평가하는 대부분의 연구는 운동과 공간인식과 관련된 의지 변수를 조사 · 연구하고 있다.

2. 지적장애 · 신체장애

대화의 방법으로 춤을 이용하는 것은 언어로 그 자신들을 표현하는 것이 어려운 사람들에게는 아주 중요한 출구가 된다. 바르트니에프Bartenieff와 루이스Lewis는 지적장애인들의 무용동작치료에 대한 반응으로 운동력, 언어 패턴, 기동력, 대화기술과 사회적 능력의 변화를 보고하였고(Bartenieff & Lewis, 1980), 자카브Jakab는 지적장애아들의 비언어적 의사소통이 중요하다고 하였다(Jakab, 1970).

많은 연구에서 신체장애인들의 긍정적인 신체적 · 정신적 변화를 보고해 왔는데, 그것은 무용동작치료의 접근 방법이 기능적인 신체 능력과 근육 조정 능력으로 개선된 신체 이미지와 사회적 능력을 증진하기 때문이다. 신체 이미지의 개선은 지적장애인들에게 수용적이고 긍정적인 몸과 마음의 변화를 가져오는 것이다.

2007년 한국문화예술교육진흥원 장애인 정책 사업으로 필자 등이 수행한 "정신지체 아동 · 청소년을 위한 무용동작교육 프로그램개발, 운영 연구"(2007)에 따르면, 지적장애로 등록된 장애인은 129,470명(2006, 보건복지부)으로 매년 지적장애 아동으로 새롭게 등록되는 수는 급격히 증가하고 있고, 초등생과 중등생이 차지하는 비율이 전체의 74%에 달하는 특징을 보였다.

그러나 지적장애 아동의 수적 증가에 비해 사회복지시설이나 수용시설 등에서 다양한 예술치료로 다가가는 프로그램은 부족한 현실이며, 많은 프로그램이 그저 수준을 낮추어 제공되거나, 예술가들이 이들에 대한 상식과 교육도 없이 실기를 무리하게 진행하고 있는 실정이다. 특히 지적장애 아동 · 청소년들의 경우 기질적, 환경적 요인으로 인한 인지기능의 손상으로 언어능력의 결함뿐 아니라, 사회적 관계 형성의 기본이 되는 의사소통 기술에 많은 결함을 갖고 있다. 따라서 정서를 기반으로 한 소통력을 촉진하는 것은 2차 양육자나 교육자와의 관계 형성을 도울 뿐 아니라, 사회적 적응을 위해 해결해야 할 시급한 문제라 볼 수 있다.

무용동작치료는 지적장애 아동과 청소년들에게 자연스럽고 다양한 움직임을 통하여 억제된 욕구나 분노 등을 표출할 기회를 경험하게 해 주며, 이러한 신체 움직임은 자의식을 가능케 하고 자신의 일체감 혹은 통일성을 이루게 하는 도구가 되어 억압된 개인의 정서를 파악하게 하고 자기 생각과 감정을 조절할 수 있는 능력을 개발할 수 있도록 한다.

또한, 무용동작치료는 지적장애 아동들에게 있어 기본적으로 신체와 움직임 활동에 관한 관심과 흥미를 유발함과 더불어 신체 활동의 기회를 제공하고, 신체적 기능의 향상과 협응을 도모하고, 자기 정서에 대한 이해와 조절을 통하여 바람직한 사회적 관계 형성에 동기를 부여하고, 사회인으로 성장하고 삶의 질을 높일 기회를 제공하게 된다.

3. 노인

노인들에게 있어서 무용동작치료는 심리적인 노화를 방지하고 활력을 주는 방법으로 제안되었다. 무용동작치료는 노인들의 신체적 · 정신적 잠재 능력을 이끌어낼 수 있고, 즐거움을 주는 일상의 탈출구로서 상호 간의 긍정적 접촉의 기회를 제공해 줄 수 있다. 또한 노인 개개인의 개선된 기억력, 조심성, 현실지향주의, 판단력, 안정감, 근심, 개인적 통찰력, 수용력, 기동성, 자부심 등이 무용동작치료와 밀접한 관련이 있는 것으로 나타났다. 노년층을 위해 고안된 무용동작치료 프로그램은 소리 표현, 긴장 완화, 상호작용과 신체 지각을 구체화했다.

무용동작치료 프로그램을 사용하여 일상생활과 자존심, 행동반경의 활동에서 변화를 평가한 질적 연구들이 적지 않다.

헤더 힐Heather Hill은 치매를 앓고 있는 노인들에게 신체와 감정을 통합시키는 무용치료의 구성요소로 신체 이미지 연구로 긍정적인 효과를 보고하고 있다(Hill, 2001).

2007년 여성가족부 지원 "노인 — 춤추며 느끼는 행복 · 사람 · 나눔 — 을 위한 무용동작치료"는 한국댄스테라피협회에서 시행하였는데, 21세기 고령화 사회의 사회적 관심과 복지는 생계와 관련된 수준을 넘어서 행복에 이르는 삶의 질적 향상과 생활의 만족을 위한 것에 초점을 두고 있다.

샌델Sandel은 노인무용을 통한 노인 상호 간의 신체적인 접촉이 그들에게 새로운 활력을 준다는 것을 지적하고 있다. 특히 노인 간 신체 접촉은 외로움과 고립에 대한 두려움을 덜어주며, 허탈감이나 무력감을 해소하는 데 도움을 준다고 하였다(Sandel, 1980).

가넷Garnet은 노인들이 직면한 심리적인 문제들이 주로 죽음이나 절망, 독립에 대한 두려움, 그리고 사별이나 상실과 관계가 있음을 주장하고 있으며, 노인들은 무용을 통해서 동작과 감각적 결함을 보충함으로써 생리적 욕구가 충족되고, 동작을 통하여 심리적 · 신체적으로 안정감을 느끼게 됨으로써 안전성에 대한 자아 욕구가 충족된다고 하였다. 또한 그룹 상호 간에 유대 관계가 형성되어 소속감이 생기며, 그룹 내에서 자유로운 분위기를 조성하여 피로와 우울감에서 벗어나 여유와 즐거움을 느끼게 된다고 하였다(Garnet, 1987).

그리고 각 개인의 한계점과 문제를 받아들이면 각 개인이 성취하고자 하는 바를 조성할 수 있다고 그의 연구와 실험에서 밝히고 있다(Garnet, 1987). 즉 무용동작치료를 통하여 노화하는 신체기능의 저하를 막고, 소외감 · 우울 · 죽음에 대한 불안 등을 감소시키며, 삶을 윤택하게 하여 자아 통합과 자기 성장을 가져올 수 있으며, 개인과 그룹 간의 상호작용을 통하여 사회적인 감각을 회복 · 향상하고, 그룹 움직임을 통한 지지, 그룹 안에서의 수용, 긍정적 피드백 등을 경험할 수 있는 것이다.

또한 무용동작치료는 창의적이고 표현적인 동작을 이용하여 개인의 다양한 신체 능력 수준과 요구에 맞추어 적절하게 구성함으로써 노인들이 더 편안하고, 더 많은 에너지를 생성할 수 있도록 돕고, 자신의 내부 감정을 표현할 수 있게 도와주어 자연스럽게 문제 해결 접근을 하게 되며, 신체적 · 정신적 건강을 조화롭게 발달시킬 뿐 아니라 자아 존중감을 증진시킨다.

4. 노인-저소득, 한부모 가정 아동의 무용동작치료 멘토링 프로그램

2008년 서울시가 지원하고 한국댄스테라피협회(2008)에서 시행한 "노인-저소득 · 한부모 가정 아동의 무용동작치료 멘토링 프로그램"은 한부모 가정 아동의 심리 · 행동적 문제에 초점을 맞춰 진행하였다. 즉 우울 · 불안 등의 정서적인 문제, 친구와의 대인관계 문제, 학교생활의 적응, 자아 존중감, 인지능력, 도덕성 발달에 부정적인 영향 등 여러 가지 사회 심리적 적응 문제에 초점을 두고 접근하였다.

한국 사회 노인 인구의 변화는 기존 선진국들의 속도를 훨씬 앞지르고 있어 그 심각성이 크다. 통계청의 자료에 의하면, 2000년 우리나라는 이미 고령화 사회에 진입하였고, 2022년 노인 인구의 비율이 전체 인구의 14.69%를 넘어서면서 고령사회가 되어가고 있다. 이러한 노인 인구의 증가와 노인의 사회적 역할 상실은 많은 문제를 유발하게 된다.

노인의 역할 상실은 부정적인 자아개념을 갖게 되기 쉬운데, 노인의 자아개념이 강화되기 위해서는 역할 지지를 받을 수 있는 활동이 필요하다. 노인들은 적절한 신체 움직임을 통하여 노화하는 신체기능의 저하를 막고, 노인 그룹 무용동작치료를 통하여 소외감 · 우울 · 죽음에 대한 불안 등을 감소시키고, 삶을 윤택하게 하여 자아 통합과 자기 성장을 가져올 수 있다.

저소득 · 한부모 가정 아동은 무용동작치료를 통하여 낮은 자존감으로 인한 공격성, 분노, 부정적 신체상을 표현하면서 스스로 자기 통제력을 갖게 되고, 자발성과 창의성을 경험함으로써 삶의 의욕, 또래 관계 형성, 사회성 향상을 하게 된다.

노인-아동 무용동작치료 멘토링 프로그램은 긍정적 상호관계 경험과 신체 움직임을 통한 상호 교류를 통해 많은 이점을 얻게 했다. 노인들은 역할 제공의 기회와 삶의 정체성을 찾을 수 있었고, 아동은 신체 · 심리 · 사회 정서적 발달과제를 충족하고 사회에 건강하게 적응할 수 있었다. 게다가 이 프로그램을 통해 사회적 소외계층인 노인과 저소득 · 한부모 가정 아동의 지속적인 연계를 끌어냄으로써, 지역사회의 세대 간의 이해 증진과 화합을 이루는 기회를 마련하였다.

5. 암, 알코올중독, 식사 장애

유방암 환자들이 삶의 의지를 가지려면, 전체적으로 다시 느끼기가 필요하며, 변화된 신체 이미지와 더불어 편안함과 사회적인 기능체의 일부로 남아있을 필요가 있다. 그러한 필요가 무용동작치료에 의해 충족될 수 있었는데, 유방암이 있는 여성 구성원 사이의 행동과 우정의 범위가 증대되는 현상을 관찰할 수 있었다.

필자는 이미 "약물중독자를 위한 무용치료 연구"를 통해 약물중독자의 신체 감각과 사고, 시간의 느낌 등의 변화들이 신체에 미치는 영향을 밝힌 바 있다. 무용치료가 중독자의 분리된 신체성을 회복하게 하고 신뢰와 관계성을 회복한다는 사실을 파악할 수 있었다(류분순, 2001).

식사 장애 환자들은 왜곡된 신체 이미지와 낮은 자존감으로 고통을 받는데, 거식증 환자들의 행동 형태를 관찰해보면, 경직된 자세, 옅은 숨쉬기, 강요된 듯한 같은 동작, 일률적인 행동, 줄어든 운동감각 같은 동작 패턴이 나타났다. 이는 무용동작치료를 통해 그들 자신의 소중함에 대한 목표를 가짐으로써 해결될 수 있다. 필자 등(2002)은 식사 장애 병동에 입원 중인 소수의 환자를 대상으로 한 연구에서 이들의 부정적인 신체상이 개선되어, 보여주는 신체가 아니라, 다양한 기능을 하는 소중한 신체상을 갖게 하는 데 도움을 준 사실을 밝혔다.

6. 뇌 손상 · 신경장애

뇌 손상을 입은 환자들을 위한 무용동작치료 연구에서는 이 치료가 독립적 능력을 증진하는 것과 함께, 개인의 심리적 편안함과 긴장 완화 정도의 수치를 개선시키는 것으로 나타났다. 리듬적 동작이 그룹 안에서 편안함과 즐거움으로 통합시키는 것으로 나타난 것이다. 슈마이스Schmais는 리듬 활동과 동시성이 그룹과 치료사, 개인과 그룹, 자아와 개인을 연결하게 해 주는 무용동작치료의 아주 중요한 요소라고 주장하였다(Schmais, 1985). 이러한 정신과 신체의 관계는 생각과 감정을 행동의 동기로 통합하는 기본적 신경절들과 함께 신경조직의 네트워크에 기초한 것을 보고하고 있다. 앞으로의 연구는 이러한 신경생리학적 메커니즘에 기초한 무용동작치료가 어떻게 작용하는지 살필 수 있을 것이다. 이에 따라 신경생리학에 기초한 치료 방법으로서 무용동작치료를 활용할 수 있을 것이다.

7. 성인 우울증, 신경증

무용동작치료는 우울증을 앓는 그룹원들의 자아를 증대시키는 독자적인 행위를 표현시킴으로써 자존감이 높아진다는 사실을 제시했다. 체이스Chace는 무용동작치료가 환자들에게 환경과의 관계를 연결해 타인과 상호작용을 할 수 있게 하면서 거리감을 줄여 준다는 것을 발표했으며(Chace, 1953), 필자는 정신과 병원의 우울 신경증 환자를 대상으로 한 연구에서 파묻힌 감정을 표현하게 함으로써 자기 삶과 세상과의 관계를 맺게 할 수 있었다(류분순, 1993). 또한 정신과 외래환자들을 중심으로 한 연구에서 클라인Kline 등은 무용동작치료를 통해 불안과 근육 긴장 특성에서 이의 현저한 감소를 발견했다(Kline et al., 1977).

8. 성폭력 피해자

무용동작치료가 성폭력 피해자들의 자연스러운 잠재력을 회복시키고, 기능적으로 잘 반응하는 표현적 움직임이 몸 상태를 재활시킬 수 있음이 나타났다. 또한, 자아개념을 향상하고, 아픈 기억을 극복하게 하며, 내면과 몸과의 관계를 개선할 수 있음을 보고하고 있다.

2005년 문화관광부 지원, 한국댄스테라피협회에서 시행한 "성폭력 · 성비행 청소년의 자아 정체성 · 자아 존중감 향상을 위한 무용동작치료"는 그들의 심리 · 정서 사회적 문제를 전문적으로 다루는 프로그램으로 실시되었다.

국가청소년위원회(2022)의 조사 결과에 따르면, 10대 청소년들의 가출은 해마다 증가하고 있을 뿐 아니라, 일반 10대들의 56.7%, 위기에 노출된 10대들의 80.1%가 가출하고 싶다는 생각을 해 본 적이 있고, 일반 10대의 9.9%, 위기에 노출된 10

대들의 90.1%가 가출 경험이 있는 것으로 나타났다.

가출을 생각하고 경험하는 10대들이 증가하면서, 특히 1990년대 이후의 10대 가출 연구에서 공통으로 지적하는 것은 가출의 상습성과 만성 가출자가 증가하고 있다는 점이다.

가출 · 비행 청소년들은 무용동작치료를 통하여 자신의 감정 상태인 분노, 불안감, 공격성과 부정적 신체상들을 표현하면서 스스로 자기 통제력과 분노 조절력을 갖게 된다. 무용동작치료 과정을 통해서 심리적 상처를 딛고, 삶의 의욕을 되찾는 계기가 되며, 자신의 내면과 만나 혼란스러운 자아 정체성을 긍정적으로 확립하게 되고 자아 존중감이 향상된다.

또한 그룹 치료 과정에서 공감과 이해의 상호작용적인 움직임, 긍정적 관계를 경험함으로써 성장 과정 중 부정적 경험으로 인해 손상된 타인과 나에 대한 신뢰감과 자신감을 회복시켜 주어 스스로 선택하고 책임지며 행동할 수 있는 건강한 사회 구성원으로 적응할 수 있도록 돕는다.

9. 새터민 청소년

2007년 서울시가 지원하고 한국댄스테라피협회가 시행한 "탈북 청소년의 자아 정체성 확립과 사회적응을 위한 무용동작치료"에서는 탈북 과정에서 경험한 심리적 상처를 치유하는 것이 어떤 인지적 교육보다 선행돼야 한다는 데 초점을 두었다.

청소년기의 발달과정에서 겪는 '자아 정체감'의 혼란을 무용동작치료를 통해 긍정적인 자아 정체감을 확립하도록 하는 것이 그 후에도 심리적 위기를 무사히 넘기도록 돕고, 사회 적응이나 미래의 방향성 결정에 매우 큰 영향을 주게 된다.

또한, 이들에게는 낮은 자존감과 공격적 성향이 나타나는데, 이는 자신을 통제하거나 타인과의 갈등을 피하거나, 다른 사람의 감정을 이해한다거나 적절히 대응하는 데 익숙하지 못해 벌어지는 현상이다. 이 때문에 새터민 청소년들이 주변과의 고립 상태에 머물러 타인과 친밀한 관계를 맺지 못하고 사회에의 소속감을 느끼지 못하게 된다.

북한의 체제 위기가 고조된 1990년 중반 이후부터 탈북자가 급속히 늘었는데, 새터민의 수가 증가하면서 탈북 동기와 유형, 나이와 직업 등이 다양해지고, 가족 단위의 입국이 증가하면서 새터민 청소년의 수도 증가하고 있다. 최근 입국자 중 새터민 청소년의 비율은 전체의 15~20%를 차지하는 것으로 추산된다(통일부, 2006).

탈북 청소년들은 무용동작치료를 통하여 성장 과정, 탈북 과정에서 받은 심리적 상처를 안전하게 드러내 신체 · 정신 · 마음이 통합되는 자기 치유과정을 가질 수 있다. 무용동작치료는 심리적 상처를 치유하여 자기 정체성을 찾고 새로운 사회문화에 대한 부적응을 인식하여 적응하도록 돕게 한다. 새터민 청소년이 갖게 되는 억압과 긴장, 경직의 에너지를 신체 움직임을 통하여 건강하게 표출시켜, 심신을 이완시키고 수용적일 수 있도록 한다.

또한 무용동작치료를 통해 자신의 감정 상태인 분노 · 불안감 · 공격성과 부정적 신체상 등을 표현하면서 스스로 자기 통제력을 갖게 되고, 자발성과 창의성을 경험함으로써 과거의 상처를 딛고 삶의 의욕을 되찾는 계기가 되는 것이다. 나아가 자신의 내면과 만나 혼란스러운 자아 정체성을 긍정적으로 변화시키며, 공감과 이해의 상호작용적인 움직임, 긍정적 관계 경험을 통하여 탈북 과정 중 겪은 부정적 경험으로 인해 손상된 타인과 나에 대한 신뢰감과 자신감을 회복시켜 건강한 사회 구성원으로 적응하도록 한다.

10. 결혼이주여성

2008년 5월부터 현재까지, 한국댄스테라피협회는 결혼이주여성 쉼터에서 그룹 무용동작치료를 진행하고 있다. 이주여성들이 안고 있는 문화적 문제와 의사소통, 정서적 문제를 중심으로 접근하고 있다. 즉 그들 내부의 창의성과 자발성의 표현을 통해 자신을 회복하고 균형 잡을 힘을 키워, 자기 존재로서 한국 사회에서 건강한 사회 구성원이 될 수 있도록 도움을 주고 있다.

1980년 종교단체를 통해 시작된 국제결혼은 1990년 초 중국 조선족 및 한족과의 결혼 이주를 기점으로 2000년 초에는 중국, 일본, 필리핀으로 확대되다가 그

후에는 베트남, 몽골, 우주베키스탄, 캄보디아 등으로 다양화되고 있다. 결혼을 원하는 한국 남성들도 농촌 총각으로 제한되지 않고 점점 일반 직장인, 사업자, 자영업자 등으로 다양화되고 있다. 그러나 우리 사회의 이주여성에 대한 편견, 국적취득의 불안정, 문화 차이 등의 문제들로 이들은 혼란, 화, 우울, 부적절한 느낌, 소외감, 정체성의 혼란을 겪는다.

무용동작치료는 결혼이주여성들이 표현적인 창의적 움직임과 리듬을 통해 자기 자신의 감정을 탐구하게 함으로써 우울, 부정적 정서와 불안을 감소시킬 수 있으며, 신체적 · 심리적 통합과 현실 적응을 쉽게 한다. 또한, 신체 조절과 감정조절을 통해서 왜곡되어 있던 자신의 감정을 인식하고 현재 자신의 감정을 수용하고 표현하므로 힘듦에서 벗어나게 되는 것이다.

오늘날 우리 사회는 빠른 속도의 다양함으로 달라지고 있다. 그 달라지는 사회는 우리와 분리된 사회가 아니라, 우리 삶의 일상이고 현재의 환경인 것이다.

그 다양함이 남과 북, 흑과 백, 동양과 서양, 남녀노소가 서로 만나 새로운 사고, 새로운 생각을 펼쳐야 하는 근거가 되고 있다. 이를 수용하지 않으면 새로운 사회에 동참할 수 없는 것이다.

무용도 이제 더는 소수의 예술가나 애호하는 관객만이 전용하는 시대가 아니다. 누구나 춤출 수 있고, 예술가와 함께할 수 있는 시대다. 소외인구, 장애인, 노인과 아이, 강자와 약자, 건강한 자와 건강하지 않은 사람들 모두 춤출 수 있는 새로운 패러다임의 인식이 필요한 보편화 사회에 살고 있는 것이다.

특별한 사회적 효용성을 지닌 무용동작치료는 무용과 심리학이 만난 것으로, 정신과 신체, 영혼의 관계 인식에 기초를 두고 병리적인 면을 변화시키는 매체로, 표현적인 움직임을 사용한다.

무용동작치료의 효과로는 신체 자각, 감정 정화, 대인관계 개선, 의사소통, 자기 신뢰, 창의성을 통한 자기표현, 자신과 타인의 존중감 등을 들 수 있다. 그 적용 범위 또한 다양하여 우울증, 노이로제, 정신병, 자폐증, 신체장애인들, 소아에서 노인까지 적용할 수 있다. 무용동작치료 과정을 통해 갇히고 억눌렸던 감정이 자유로워지며, 또 그 갈등이 밖으로 표출되어 통합되는 것이다.

또한, 자발적이고 창의적인 신체 움직임은, 올바른 자아와 신체상 표현을 통해 정체감과 자기 효능감을 느끼는 데 도움을 주는 역할을 한다. 따라서 정서적 장애의 변화와 행동 변화, 대인관계의 호전, 긴장감을 풀어내는 신체기능의 향상 효과가 있다. 게다가 치료과정에서 이루어지는 신체 지각, 에너지의 조절, 그룹 속에서의 관계 이해 등은 자아개념과 원만한 대인관계, 긍정적 사고로 발전하게 한다.

우리 사회에는 많은 문제가 있다. 아동 문제, 청소년 문제, 노인 문제, 지적장애, 신체장애인, 암, 알코올, 성폭력, 우울증의 증가, 탈북자 · 외국인 이주자 증가 등등의 사회적 문제는 함께 살아가는 오늘의 우리들의 문제이며, 따로 떼어서 분리할 수 없는 것이 현실이다.

매년 지적장애 아동만도 초등생과 중등생이 차지하는 비율이 전체의 74%에 달하고 있으며, 늘어가는 노인 인구와 저소득 한부모 가정 아동, 가출 · 폭력 · 비행 청소년, 탈북 청소년 등 소외계층이 늘고 있다. 그들에게 예술치료로 다가가는 것은 미래의 국가적인 이익을 바라보게 하는 일이다.

선진 복지국가에서는 장애인을 개인과 이념의 차원과는 무관하게 국가가 책임져야 할 계층으로 인식하고 있으며, 1960년 장애인 올림픽이 시작된 것은 그러한 공감의 일환이다. 무용이 소외 그룹들에 치유적인 효과를 준다는 것은 앞에서도 밝혔으나, 무엇보다 이 시대에 우리와 상관없는 다른 세상의 사람들이라는 왜곡된 시선을 거두고 장애에 대한 새로운 인식을 가져야 할 것이다.

"사랑하면 춤을 추라"는 말처럼 누구나 춤을 추면 힘이 솟고, 미소가 흐르며, 막힌 에너지가 뚫리는 신비한 힘이 생긴다. 또한 함께 춤을 추는 동안 서로 공감과 이해의 장이 펼쳐지며 긍정적인 관계를 맺게 된다. 이를 통해 사회의 부정적 경험으로 인해 손상된 타인과 나에 대한 신뢰감과 자신감이 회복된다. 결국 스스로 책임지며 행동할 수 있는 건강한 사회 구성원으로 성장하게 된다. 건강한 숲을 가꾸는 것처럼, 이 모두가 건강한 국가가 되는 방향일 것이다.

11장

DMP 예술치료사 과정 교수 모델 연구

서론

무용동작치료[DMP]는 "개인의 신체와 정신의 통합을 위하여 움직임을 정신치료의 목적으로 사용하는 것"으로, 이는 내적 변화의 매체로서 동작의 사용에 초점을 맞춘 심리치료의 형태이다. 무용동작치료사들은 내담자들의 근육 움직임과 심리적, 그리고 생리적 과정 사이의 상호관계에 초점을 두어 감정과 충동을 표현하게 함으로써 개인의 정체성을 찾게 한다. 그리하여 자기 인식의 명확한 감각을 가지고, 대체적인 행동 양식이 탐구되고, 행동의 재구성이 더 건강한 기능으로 나아가게 하는 것이다.

1940년대 이후 무용동작치료사들은 체이스Chace에 의해 입증된 무용동작치료의 개념을 보편적으로 사용하고 있다(류분순, 2017). 그녀는 무용동작치료의 이론을 세우는 데 기초를 제공한 4가지 기본적인 개념, 즉 신체 활동body action, 상징symbols, 치료적 움직임 관계therapeutic movement relationship, 리듬적 그룹 활동rhythmic group activity을 주장하였다.

한편 발린트Balint는 내담자를 이해하는 의사소통을 목적으로 침묵 속에 머무르면서 움직이는 중요성을 강조해 왔고(Balint, 1968), 리보위츠Liebowitz는 치료사의 기술에 대한 중요성을 강조했다(Liebowitz, 1992). 치료사의 움직임은 내담자의 특성과 리듬, 일련의 동작들로 내담자의 성격을 반영하는 것으로, 치료자는 내담자와 함께 몸짓을 교환함으로써, 궁극적으로 수용되고 치료의 공감을 강하게 끌어낼 수 있다.

지금까지 무용동작치료에 관한 연구는 소아, 청소년, 성인 정신과 환자들, 약물 · 알코올중독자, 사회적 문제를 가진 개인, 노인들을 대상으로 한 무용치료의 임상적 효과와 평가에 관한 사례 연구와 질적 · 통계적 연구가 대부분을 차지하고 있다(류분순, 2004:18). 최근 무용치료에 대한 관심의 증가와 함께 무용치료학과가 개설되고 있는 우리나라 현실에 비추어볼 때, 이제는 무용동작치료사를 배출하기 위한 바람직한 교육과정 모델이 필요한 시점이라고 생각된다. 무용동작치료사들을 위한 교수법은 더 과학적이고 체계적인 구조를 중심으로, 이론적인 원리의 이해와 임상 현장에서 적용할 수 있는 치료적 전략으로, 학교 중심 경험에서 실제적인 임상 훈련 중심으로 나아가야 한다.

본 연구는 무용동작치료사 과정을 위한 교수 모델을 개발하는 데 그 목적이 있다. 무용동작치료사들을 위한 교수법을 과학적이고 체계적인 방법으로 접근하여 교수 방법을 구조화 · 계획화하는 데 목적을 두었다. 따라서 조이스와 칼훈(Joyce & Calhoun, 1996), 조이스와 바일(Joyce & Weil, 1996)의 교수 모델 및 학습 스타일에 따른 교수법과 효율적 · 비효율적 교수법을 조사하여 바람직한 교육과정 모델을 제시하고자 한다.

이론적 배경

1. 교수 모델 분류

교수 모델은 과정생들이 학업을 익히는 데 도움이 되도록 교수들이 사용하는 개념적 구조들로, 조이스와 칼훈(1996), 조이스와 바일(1996)은 교수 모델을 다음 4가지로 분류하고 있다.

1) 정보처리 모델

정보처리 모델은 정보를 습득하고 조직화하고, 문제를 규명하고 해결하고, 개념들을 학습함으로써 과정생들의 능력을 개발하는 데 중점을 둔다. 이 모델은 세계를 탐구하고 반영할 수 있도록 도와주는 방법들을 익히고 과정생들의 자각 능력을 발전시킨다. 즉 과정생들이 지식을 쌓는 방법을 배우는 것에 중점을 두고 있다. 이 구조 안에서 과정생들은 독서, 강의, 참여 등을 통해 무용치료 이론 및 테크닉들을 배울 수 있다. 이 모델들은 모든 무용치료 테크닉의 공통적인 요소들 및 다양한 병리학, 그리고 특수 그룹들의 욕구를 만족시키기 위해 사용되었던 특수 기술들을 규명하는 것에 중점을 둔다.

구분	목적	주요인
1	정보와 개념들을 분류하고, 원리의 개념적 이해를 쌓아, 분류에 근거한 가설을 테스트하는 과정을 익힌다.	귀납적 사고
2	개념 습득, 주제에 대한 문제 다루기, 가설을 만들고 사고하기 위한 세부적인 개념과 방법들을 배운다.	개념 습득
3	과학적 과정, 지식 기반과 세부적인 훈련의 주요 개념들을 습득하고 개념적 사고, 가설에 의한 추리, 비판적 사고 능력을 개발한다.	비판적 사고 능력개발
4	인과 관계를 추리하고, 자료를 모으고, 개념을 구축하고 가설을 개발하고 실험하는 방법을 이해한다.	탐구 훈련
5	지적인 성장을 증가시킨다.	지적 성장 촉진
6	다양한 소스로부터 정보를 합성하고 조직하는 능력을 증가시킨다.	정보조직 능력
7	새로운 개념, 사실, 아이디어들을 습득하는 전략 등을 개발한다.	기억 훈련
8	창조적인 능력을 개발하기 위해 유추법을 사용한다.	창조적 능력개발

2) 사회적 모델

사회적 모델은 그룹 상호작용을 통한 상승작용을 배운다. 이 모델은 과정생들이 그룹 탐구 및 민주적인 과정에 참여하는 것을 배우고, 문제 해결 전략 사용을 통해 지식을 구축하는 것을 도와준다. 과정생들은 내담자들을 돌보는 것과 관련된 문제들을 다루게 되고, 개인적 그리고 사회적인 가치에 그들의 인식을 적용하는 것을 배운다. 사회적 모델은 개인적, 사회적, 혹은 정치적 문제가 있는 내담자들과의 임상학적 상황이나 딜레마에 관해서 결정을 내려야 하는 과학적, 사회적, 기타 관련 지식을 사용할 때 필요하다.

구분	목적	주요인
1	자신만의 고유한 가치를 반영시켜 사회에 헌신할 수 있게 하며 생산적으로 참여한다.	사회참여를 위한 조사
2	사회적 문제들을 해결하기 위해 함께 일하고, 문제 해결을 위한 전략을 개발한다.	사회문제 탐구
3	법적 구조를 이용하여 공공 이익 문제들을 분석한다.	법적 구조 탐구
4	그룹의 역동을 이해하는 법을 다양하게 실험해 본다.	다양한 실험방법
5	어렵고 민감한 사회적 기술들을 개발한다.	역할극
6	어떻게 자신과 타인의 관계를 자연스럽게 인정하면서 함께 상호의존할 것인가를 배운다.	긍정적인 상호의존
7	학문적 탐구를 추구하면서 서로 협동하여 일하는 법을 배운다.	구조적 사회연구

3) 개인적 모델

개인적 모델은 과정생들이 자기실현, 자기 인식을 하도록 도와 자신만의 삶을 이끌 수 있도록 하는 것을 강조하고 있다. 이 접근은 과정생들이 개개인의 현존하는 문제들을 탐구할 수 있도록 도와주며 그들이 경험하고 싶어 했던 것들을 알 수 있도록 도와준다.

구분	목적	주요인
1	개인 발전의 능력을 구축하고 개인적 자각을 창조한다.	비지시적 교수법
2	자신을 이해하고, 타인에 대한 공감성과 민감성을 증가시켜 개인적 성장을 촉진한다.	자각의 훈련
3	자신과 타인에 대한 책임감을 증진하고 자기 이해를 증진한다.	그룹 토의
4	개인적인 발전을 위한 잠재력을 키우고 자기 이해의 능력을 증진한다.	자아실현
5	정보 과정을 배우면서 타인과의 상호작용 속에서 개인의 유연성과 더 높은 수준의 개념적 발전을 위한 개인적인 추진력을 증진한다.	개인적인 추진력 증진

4) 행동적 체제 모델

행동적 모델은 과정생들이 새로 습득한 지식에 숙달하는 능력을 개발하는 데 유용하며, 자신들의 행동에 적응하고 바람직한 결과로 이끌 변화를 만드는 데 도움이 된다. 행동적 모델은 새로운 행동 능력에 의해서 평가받는 성공이나 결과로 과정생들을 지도하는 데 유용하다.

구분	목적	주요인
1	개인 고유의 행동과 그 결과에 대한 이해력을 높이고 향상시킨다. 목적 달성을 위해 적합한 행동들을 개발한다.	사회적 행동
2	모든 주제영역의 내용을 습득한다.	주제영역 습득
3	학구적인 내용을 습득한다. 과정생들이 자신들의 성장을 모니터하고 학습전략들을 수정할 수 있도록 도와준다.	프로그램화된 학습
4	상황에 따른 문제 해결 개념과 문제 해결 기술들을 가장 근접한 실제 조건에 적용해 본다.	가상현실 학습
5	학구적인 내용을 습득하고, 동기유발을 촉진하고, 개인의 단계에 맞추는 방법을 학습한다.	지시적 교수법
6	불안과 혐오의 감정을 조절하게 하고 역기능적인 반응들에 대처하는 방법을 학습한다.	대처 방법 학습

이러한 교수 모델들은 교수와 학습에 대한 중요한 철학과 심리학적 방법으로, 과정생들이 바람직한 교육적 목표를 충족시킬 수 있는 내용의 선택 및 학습 활동의 배열에 대한 교육자의 견해를 반영한다.

교수 모델을 선택할 때 고려해야만 하는 사항들은, 먼저 교육자는 어떠한 종류의 지식을 전달하고자 하는지 명확한 아이디어를 가지고 있어야만 한다. 어떠한 유형의 방법을 강의에서 강조할 것인가? 예를 들면, 새로운 아이디어, 사실, 원리, 이론, 개념을 알거나 습득하는 것과 같은 이해에 중점을 두는 강의가 될 것인가? 연출, 분석, 응용, 신체적 능력의 모델링 등과 같은 심리적인 능력을 나타내는 법을 기술 구축과 함께 강조할 것인가? 탐구, 평가, 문제 해결, 결정, 기술, 개인적 성장 등을 학습 경험과 연결할 것인가? 하는 명확함을 가지고 있어야 한다.

탐구 방법을 강조하는 학습 활동에서, 어떤 내용이 저변에 숨어 있는 이유, 의미, 장애 등을 찾아내기 위해서 주제를 탐구한다. 예를 들면, 무용치료 과정생들은 다양한 이론적 접근과 평가 기술들의 목적이나 유용성을 조사하고 그것들이 어떻게 내담자들의 치료계획 개발에 영향을 미치는지를 토론할 수 있다. 과정생들은 다음과 같은 질문들에 대해 탐구할 수 있다.

- 내담자들의 동작을 관찰할 때 라반Laban의 에포트Effort · 형태Shape의 구조를 사용하면 어떠한 것을 알 수 있는가?
- 대상관계 이론Object Relation Theory을 적용했을 때 무용치료과정에서 무엇을 찾아낼 수 있는가?(류분순, 2004:203).

평가 지향적인 학습 경험들은 과정생들이 선택하는 데 있어서 개인적인 선호도와 기준을 확인하는 법을 학습할 수 있도록 도와준다. 이런 성향과 관련 있는 학습 활동에 참가하고 있을 때는, 과정생들은 이런 각각의 환경의 품질에 근거한 병원이나 특수 교육 시설들보다는 개인 병원에서 근무하는 것을 선호할 수도 있다.

문제 해결 지향은 과정생들의 문제 해결 능력을 개발하는 것을 목적으로 하며, 과정생들이 경험하는 역할 활동들 때문에 성취될 수도 있다. 역할극은 창조된 실제

유추를 실제 삶의 상황에 접목하게 한다. 이 경험 동안, 과정생들은 경험에 근거한 문제들을 관찰, 이해, 해결하는 데 도움을 받는다. 개인적인 감정을 드러내는 것은 과정생의 문제 해결 또는 중재의 선택들에 어떻게 영향을 미치는가를 알 수 있고, 또한 과정생과 무용치료 교수가 한 개인의 감정, 태도, 가치, 믿음들이 연기에 어떤 영향을 미치는지를 실험해 보는 데도 도움이 된다.

결정 지향적인 학습 경험들은 특별한 결정과 관련이 있는 이익이나 불이익에 중점을 둘 때 과정생들에게 사용할 정보나 구조를 제공한다. 실행을 언제 할 것인가를 결정하는 일은 무용치료 과정생들에게 결정할 필요가 있는 모든 상황에 정보나 구조를 제공한다.

기술 지향을 촉진하는 학습 경험들은 물리적인 업무를 수행하는 데 있어 기술적인 능력의 습득이나 수행력을 향상하는 것을 강조하고 있다. 과정생의 움직임을 비춰보는 법을 배우는 것은 기술 지향과 연관이 있는 행동의 한 예이다.

개인적인 성장을 키우는 학습 경험들은 과정생들이 개인적인 목표와 자아실현에 중점을 두고, 그 목적을 이루어 내는 방법을 개발하는 것을 도와주도록 기획되었다. 무용동작치료사가 되어 가는 동안, 과정생들은 내담자의 문제로부터 자신의 문제를 분리하는 법을 배우게 되며, 과정생들은 자신들의 내적인 문제와 관련된 중요한 피드백을 잘 받아들이고 대처해야 할 필요가 있다. 이러한 문제들을 성공적으로 풀어나가는 것은 치료자로서의 개인적인 성장을 가져오는 길이다.

2. 학습 스타일에 따른 교수법과 효율적 · 비효율적 교수법

과정생들은 대개 자신의 학습 스타일에 있어서 명확한 선호도 혹은 강점을 보인다. 이러한 학습 스타일은 개인들이 학습하는 방법에 지대한 영향을 미친다. 예를 들어, 같은 학습 스타일이 어떤 사람들에게는 효과적으로, 다른 사람들에게는 비효과적으로 만들 수 있다. 학습자의 능력에 영향을 미치는 요소는 주로 과정생들이 직면한 환경, 정서와 특성, 성향, 사회적인 선호도 등이다.

1) 학습 스타일에 따른 교수법

첫째, 무용치료 과정생들이 자신들의 학습 스타일이 다르다는 것을 인식하는 것이 중요하다. 어떤 학생은 청각, 시각, 혹은 인지적인 영역에 비해 운동학적인 학습에 관심을 보이지만, 어떤 학생은 시각적이고 청각적인 영역을 강조하는 교육을 선호할 수도 있다. 이러한 지식을 알고 있으면, 무용동작치료사들은 학습자들이 선호하는 학습 욕구에 부응하는 방법으로 훨씬 더 교육을 잘할 수 있다.

둘째, 과정생들이 모든 영역에서 강점을 갖고자 노력하고, 자신이 이러한 영역을 가로질러 지각과 장점의 균형을 이루기 위해 자신의 약점 영역에서 강해지도록 노력하는 것이 특히 중요하다. 이러한 기술들은 모든 감각적인 면에서 내담자들의 능력과 한계를 날카롭게 관찰하고 평가할 수 있어야만 하는 무용동작치료사들을 위한 기본 훈련이다. 더 나아가, 치료사는 내담자의 선호도에 부응하는 한편, 선호도를 내담자의 약점을 보완하는 치료적 환경을 창조하기 위한 정보로 사용할 수 있다.

셋째, 무용치료를 공부하는 과정에서 독해, 강의, 토론으로 구성된 학습 경험을 통해 인지적 · 청각적 · 시각적인 감각들을 사용해야 한다. 또한 문서로 만들어진 자료들의 토론과 사고로 구성된 학습 경험을 통해 과정생들에게 단지 청각적인 기술만을 사용할 것을 요구할 수도 있다. 교육이 과정생들에게 관찰하고, 문제를 해결하고, 치료적 상황을 재연해야만 하는 경험적인 활동들로 구성되었을 때, 과정생들은 시각적 · 인지적 · 운동적 영역들을 사용할 것이다. 과정생들이 내담자들의 움직임을 비춰보는 것을 배울 때, 과정생들은 시각적이고 인지적인 감각들을 사용할 것이다.

넷째, 내담자들의 움직임을 이해하고 완벽하게 의사소통하기 위해서, 치료사는 시각적 · 인지적 · 운동적 영역의 정보를 처리할 수 있어야만 한다. 이러한 정보를 사용하여, 치료사는 내담자가 알고 있는 것을 이해하게 해 주는 필수 움직임과 표현을 비춰볼 수 있다. 즉 청각적 영역을 예시하는 스윙 · 밀치기 · 끌어당기기 · 베기 · 주먹질 등과 같은 단어들을 사용하여 치료적 기술을 익힌다. 내담자를 움직이게 하는 것은 먼저 딱딱한 신체 부분을 움직여서 긴장을 푸는 데 도움을 줄 수 있고, 내담자가 카타르시스를 경험하거나 억압된 문제들에 대한 직관력을 키우는 데도 도움을 준다.

2) 효율적 · 비효율적 교수법

효과적인 교수법은 과정생들에게 자신의 자율권을 주고 비판적 사고자로서의 그들의 자신감을 강화하는 것이다. 과정생들에게 자신들의 능력들이 적절하고 신뢰할 수 있는 것이라는 것을 보여주면, 과정생들의 비판적 자신감은 강화될 것이고, 비판적 사고를 실행하는 과정생들의 능력은 촉진될 것이다(Boerckel & Barnes, 1991).

볼린Bohlin 등은 교육을 더욱 매력적으로 만드는 몇 가지의 전략들을 제공해 왔다. 그들은 교육이 과정생들의 관심을 더 많이 촉진하고 과정생들의 노력을 향상할 수 있는 전략을 다음과 같이 제시하고 있다(Bohlin et al., 1993-1994).

- 열정을 가질 수 있는 안을 제시하여 과정생의 관심을 일으킨다.
- 도전할 문제들을 제시함으로써 과정생의 관심을 증진한다.
- 교육내용의 연관성을 찾게 한다.
- 과정생의 개인 목표에 부합할 수 있는 과제에는 융통성을 보여준다.
- 과정생의 자신감을 증진한다.
- 성공을 위한 과정생의 기대를 향상하기 위한 필수 조건들을 명확하게 언급한다.
- 과정생들의 진보를 평가할 수 있도록 정기적인, 그리고 즉각적인 피드백을 제공한다. 또한, 다양한 환경을 제시하는 것은 학습에 대한 과정생들의 참여도를 증진할 수 있다.

내용	효율적인 교수법	비효율적인 교수법
교육 방법	• 다양한 인지적 수준에 맞추어 교육을 계획한다.	• 기계적이고 틀에 박힌 학습을 강조한다.
질문	• 비판적 · 창의적 사고와 통합이 필요한 질문을 한다.	• '예/아니요'로 대답할 수 있는 질문을 한다.
실습 이해	• 과정생들에게 자신이 학습했던 것들을 실습할 수 있는 기회를 제공한다. • 과정생들의 이해력을 체크한다.	• 과정생들이 자신만의 자료들을 합성하도록 요구한다. • 과정생들의 이해력을 체크하지 않는다.
실제적 교육	• 교육적 결과를 위한 명확한 기대치를 통한 직접적인 교육을 제공한다.	• 교육에 명확성이 부족하고, 초점이 맞지 않고, 잘 조직되지 못한다. • 과정생의 결과물에 대한 기대치가 불분명하다.
상호작용 스타일	• 과정생의 관심사를 수용한다. • 따뜻하고, 매력이 있으며, 열정적이다. • 인간적이고 마음이 열려있다.	• 주제와 학습자의 관심사에 무관심하다. • 차갑고, 매력이 없으며, 가까이할 수 없다. • 직접적이고 독재적이다.
비언어적 의사소통	• 과정생들의 신체 언어와 표정들에 관심을 둔다.	• 비언어적 행동들을 알지 못하고 관심을 두지 않는다. • 언어적인 의사소통만을 알고 있다.
강의 환경	• 부드럽고 유동적이고 활동적인 학습을 장려한다. • 과정생의 주인의식을 높여준다.	• 연관이 없는 자료들이 널려있다. • 엄격한 환경 • 과정생들의 표현을 억압한다.
피드백	• 분명하고 인도적인 피드백을 제공한다.	• 모순된 혹은 평가할 수 없는 피드백, 또는 개선을 위한 아이디어가 없는 혹독한 비평을 제공한다.

3) 임상 현장 경험의 실제

일반적으로 무용동작치료사 과정에서는 일반 대학원에서 이수해야 하는 학점 이외에 임상실습이 추가되고 있다. 그 이유는 일반인뿐 아니라 환자들에게 적용하기 위해서는 필수적으로 임상경험이 요구되기 때문이다. 과정생들은 무용치료와 심리적 이론을 임상 현장에 적용해 치료의 목적과 목표를 달성할 수 있도록 무용치료의 임상적 기술을 높이고, 치료대상자의 치료과정에 대해 명료화되도록 훈련되어야 한다(류분순, 2004:2)고 지적했듯이, 무용동작치료사에게 임상 기술을 익히도록 하는 것은 매우 중요한 과정이다.

현재 한국댄스테라피협회Korean Dance Therapy Association[KDTA]와 미국무용치료협회American Dance Therapy Association[ADTA]에서는 무용동작치료사 과정에서 필수적으로 700시간 이상의 임상 및 자격이 있는 임상 감독자의 수퍼비전을 요구하고 있으며, 한국의 전문교육 기관인 [ATA]ARTs Therapy Academy of Korea, 미국의 무용치료 전문교육 기관인 앤티오크Antioch[3], 나로파Naropa[4], 컬럼비아Columbia[5], 프랫Pratt[6], 드렉셀Drexel[7]에서도 700시간 이상의 임상과 수퍼비전을 필수로 지정하고 있다.

이렇게 많은 임상실험 시간이 요구되는 것은 바로 과정생들에게 가장 중요한 경험이 현장에서의 임상 경험이기 때문이다. 현장에서의 임상실습은 일반적으로 700시간 이상의 임상경험과 120시간 이상의 수퍼비전을 받아야 한다.

무용동작치료사 과정에서 임상경험은 주로 무용동작치료사가 필요한 정신과 종합병원 및 소아암 센터, 자폐 센터, 알코올 병동, 노인치매센터, 교도소 등지에서 행해진다.

현재 우리나라에서도 이미 여러 병원[8]에서 무용동작치료사가 활동하고 있다.

임상 과정의 단계는 다음과 같이 4단계로 구성되어 있다.

- 1단계: 병원의 전체적인 시스템을 익히고, 내담자와의 관계 형성과 내담자의 움직임 관찰 및 무용동작치료사의 치료 세션을 익히는 전반적인 관찰을 목표로 한다.
- 2단계: 3인이 한 팀이 되어 개인이나 그룹의 50분 세션을 진행하게 되며, 수퍼바이저의 참관을 원칙으로 하며 보조 치료자의 역할을 익히는 것이 중요하다.
- 3단계: 2인이 50분 세션을 주도하게 되며 치료과정에 필요한 무용치료의 기

3) www.antiochne.edu

4) www.naropa.edu

5) www.colum.edu

6) www.pratt.edu

7) www.drexel.edu

8) 국립서울병원, 세브란스 병원, 아산병원, 과천정신보건센터, 해오름 아동병원학교, 영등포보건소 외 각 지역구 복지센터 등.

술을 향상시키고 개개인의 내담자를 느끼고 읽을 수 있는 내적 깊이의 기술을 발달시키는 수퍼비전을 받게 된다.
- 4단계: 1인이 50분의 세션을 진행하며 치료사로서의 자기 내면과 내담자와의 내적 교류를 하는 임상 기술을 높이게 된다(류분순, 2004:3).

임상 현장 경험들은 과정생들의 교과과정 경험의 통합적인 요소이다. 전문가의 정신적인 지도 또는 임상학적으로 트레이닝을 받은 치료사들과 함께 실제 현장에서 실행하는 경험들은 다음과 같이 기획되어야만 한다.

- 과정생들이 강의실 교육과 실제 임상 실습을 통합할 수 있도록 돕는다.
- 과정생들에게 개별적인 학습 계획을 개발하는 기회를 제공한다.
- 교수는 과정생들이 현장 경험들을 반영하도록 관여할 수 있고, 과정생들과 교수들이 현장에 근거한 문제를 풀 수 있도록 세미나를 포함한다.
- 전문적인 역할에 대한 정신적인 지도를 한다.

무용동작치료사 과정의 교수 모델

무용동작치료사가 되려는 과정생들은 이론적인 자기 철학을 서술할 수 있어야 하고, 자기 신체에 대한 해부학적인 지식과 자기 신체 내부에 대한 감각들을 가지고 있어야 한다. 또한 운동감각 안에서 자신들의 체중을 사용하는 능력과 근육의 기능을 알아야 하며, 공간을 연결하여 신체에 무리를 주지 않는 방법으로 다양한 움직임을 창의적으로 표현할 수 있어야 한다(Ganet-Sigel, 1999:93)고 무용동작치료사가 갖추어야 할 다양한 지식에 대해 강조하고 있다.

따라서 무용동작치료사를 위한 교육과정 모델은 이러한 다양한 지식을 포함하는 내용으로 구성해야 한다.

1. 교육목표

무용동작치료사 과정의 교육목표는 “인간의 정신과 신체, 마음을 통합시키기 위해 모든 움직임을 정신치료의 목적으로 사용할 수 있는 전문가로서의 무용치료사를 키우는 것”이다.

이는 미국무용치료협회[ADTA]에서 제공하는 치료사 교육의 목표로서, 앤티오크Antioch 외 다른 교육기관도 위와 같은 교육목표를 갖고 있다.

2. 교육과정

무용동작치료사를 위한 교육은 대학원에 개설된 과정을 이수하거나 연관된 전공을 마치고 BC-DMP(교수 자격증 소지자)가 있는 교육기관에서 요구하는 교육과 임상 수퍼비전을 받는 두 가지의 방법이 있다. 두 가지 모두 주로 2~3년 과정으로서 한국과 미국의 경우 50~60학점을 이수하여야 한다.

한국의 교육 전문 기관인 ATA에서는 무용치료의 이론과 실제 Ⅰ·Ⅱ(6학점), 동작 관찰 분석 Ⅰ·Ⅱ(6학점), 무용동작치료 개인, 그룹 치료 구조 · 비구조(3학점), 자기체험 무용치료 실제(3학점), 무용동작치료사를 위한 심리검사 매뉴얼(3학점), 대상자별 기법연구(3학점), 임상 및 수퍼비전 Ⅰ·Ⅱ·Ⅲ·Ⅳ(12학점), 심리치료의 이해(3학점), 발달심리학(3학점), 이상심리학(3학점). 사례세미나 Ⅰ·Ⅱ(6학점) 등을 이수해야 한다.

미국무용치료협회에서 인정하는 교육기관인 컬럼비아(Columbia, 2004:1-4)[9]는 무용동작치료 이론(6학점), 임상적 진단과 치료계획(3학점), 상담학(6학점), 움직임 관찰과 진단(6학점), 사회와 문화 관련(6학점), 움직임을 통한 신체 마음의 경험(3학점), 이상심리학 외 심리학 관련(9학점), 집단치료방법론(3학점), 연구 방법론(3학점), 논문세미나 관련(2학점), 현장직업소개 및 윤리 관련(9학점), 임상과 수퍼비전(4학점)으로

9) 무용동작치료 이론(3), 임상적 진단과 치료계획(3), 상담학(3), 움직임 관찰과 진단 Ⅰ(3), 움직임 관찰과 진단 Ⅱ(3), 움직임을 통한 마음의 경험(3), 인간 개발론(3), 무용동작치료 이론(3), 사회와 문화의 근원(3), 가족 상담론(3), 상담의 이론과 원리(3), 이상심리학(3), 연구방법론(3), 상담의 임상적 원리(3), 임상과 수퍼비전 Ⅱ(3), 라이프스타일과 경력개발(3), 현장직업소개(3), 집단치료의 방법론(3), 직업적 윤리(3), 임상과 수퍼비전 Ⅰ(2), 논문세미나(1), 대학원 논문(1).

구성되어 있다.

그리고 앤티오크의 교육과정(Antioch, 2003-2005:30)[10]은 행동과학 기초(15학점), 개별 진단과 중개계획(15학점), 집단과 사회적 제도 진단과 중개계획(3학점), 연구평가(3학점), 직업론 세미나(12학점), 임상실제(14학점)로 구성되어 있다.

무용동작치료사 교육과정은 인간의 표현 속에 내포된 창조적 활동이라는 출구를 통하여 치료사와 내담자 사이의 치료적 교류를 증대시키고, 표현행위의 과정을 통해 심리적 갈등의 소재를 정화시키며, 치유 능력을 개발해 갈 수 있는 필수과목과 선택과목으로 갖추어져야 한다(류분순, 2004:2)고 필자가 주장했듯이 한국적 상황에서는 우리의 교육환경과 조건을 고려한 교수 모델이 필요한 시점이다. 따라서 미국무용치료협회에서 요구하는 기본 교과목을 포함시키고 우리나라 교육 현실을 고려[11]하여 다음과 같은 무용동작치료사를 위한 교육과정을 제시하고자 한다.

무용동작치료사를 위한 교육과정은 전공필수 10과목 29학점, 전공선택 20학점(적어도 10과목 개설), 필수 임상실습 총 8학점(임상실습 720시간, 수퍼비전 120시간)을 이수하여야 한다.

현재 우리나라에서도 정신과 병원에서는 무용치료 임상실습을 적극적으로 원하는 병원들이 늘어가고, 문화관광부 산하 한국문화예술교육진흥원[12]이 발족함에 따라 무용치료의 대상을 환자로 한정하는 것보다 그 범위를 일반인에게로 확장하는 노력이 필요하다고 생각된다.

---

10) 인간개발과 다양성(3), 아동정신운동진단(3), 성인정신운동진단(3), 이상심리(3), 무용동작치료방법론(3), 그룹무용동작치료(3), 무용동작치료 직업론세미나Ⅰ·Ⅱ(6), 상담심리 직업론세미나Ⅰ·Ⅱ(6), 치료적 상호작용의 요인(3), 표현예술치료(3), 청소년과 아동을 위한 무용동작치료(3), 성인을 위한 무용동작치료(3), 성격이론과 개인상담이론(3), 연구평가(3), 무용동작치료임상실습Ⅰ(2), 무용동작치료임상실습Ⅱ(2), 무용동작치료 임상인턴쉽(4), 상담심리 임상실제(6).

11) 필자는 2000년 서울여대 치료전문대학원에서 우리나라 최초로 〈무용치료사〉 석사 박사과정을 설계하고, 이끌어 왔으며, 또한 〈한국무용치료학회〉 설립(1994) 및 〈ATA무용치료 아카데미〉를 직접 경영하면서 현실적으로 우리나라에 필요한 교육과정에 대해 연구하였다.

12) 2005년 3월부터 한국문화예술교육진흥원은 학교 교육과 사회교육 분야로 나누어 문화 소외지역까지 대상별 다양한 프로그램을 수행하고 있다.

무용동작치료사 과정을 위한 교육과정

분류	교과목	학점
전공필수	무용동작치료의 이론과 실제	3
	집단무용동작치료 세미나	3
	무용동작치료의 이해	3
	창의적 무용동작치료 세미나	3
	동작 관찰 및 분석 Ⅰ · Ⅱ	3
	해부학과 기능학	3
	창의적 예술치료 세미나	3
	무용동작치료 사례 연구	3
	심리치료 이론과 실제	3
전공선택	이상심리	3
	정신장애의 진단과 분류(성인, 아동)	3
	무용동작치료 진단 평가 세미나	3
	연구 방법론	3
	최신 심리이론	3
	가족 무용동작치료	3
	생리심리학	3
	통계 및 실험설계	3
필수 임상 실습	논문 세미나	1
	임상심리 연구 동향	2
	아동과 청소년을 위한 무용동작치료	3
	신체 지각과 심리 관찰	3
	임상 실습 Ⅰ(180시간), 수퍼비전(30시간)	3
	임상 실습 Ⅱ(180시간), 수퍼비전(30시간)	3
	임상 실습 Ⅲ(180시간), 수퍼비전(30시간)	3
	임상 실습 Ⅳ(180시간), 수퍼비전(30시간)	3

무용동작치료사가 갖추어야 할 기본 지식

무용동작치료사는 인간의 정신과 마음과 신체를 통합시키는 능력을 쌓는 것이 중요하며, 신체와 그 행위에 대한 이해, 상징적 움직임, 집단에 대한 역동적 이해를 위해 다음과 같은 기본지 식을 갖추어야 한다. 이러한 기본 지식은 무용치료 선구자들의 경험에서 나온 여러 문헌에서 찾아볼 수 있으며, 특히 체이스Chace의 이론과 방법론에서 더욱 선명하게 나타난다(Susan et al., 1993:193-234).

1. 무용동작치료사에게 필요한 기본 지식

무용동작치료사에게 필요한 기본 지식은 1966년 이후 계속 발전되고 있으나 체이스의 이론과 방법론에서 발전된 것이다(Susan et al., 1993).

1) 무용동작치료사 과정의 기본 지식

- 그룹 결합력에 대한 이해
- 그룹 치료 상황에서의 치료사의 역할과 기본적 임무
- 그룹 치료에서 환자의 참여 여부의 결정 기준
- 치료그룹의 구성 방법, 그룹의 장소, 시간, 크기, 준비사항에 대한 고려 요소
- 전형적인 문제 환자와 그들이 그룹에 미치는 영향

2) 아래의 그룹에 대한 주요 치료적 관점과 세션 형태의 차이점에 관한 지식

(대상에 따른 의학적 · 심리학적 · 임상적 이해)

- 조현병 그룹
- 알코올, 약물 그룹
- 가족치료 그룹

- 청소년 그룹
- 정서장애
- 아동 그룹
- 노인 그룹
- 성 피해 여성 그룹
- 암 환자 그룹

3) 그 밖의 다른 기술들

- 근 감각을 통한 치료자와 환자와의 공감(kinesthetic empathy)
- 과장-동작을 통한 특별한 상황의 인식을 위해 움직임을 과장(exaggeration)
- 의사소통을 위한 변형된 움직임(transforming movement into communication)
- 행동으로 나아가기 위한 주제(developing themes into action)
- 상호작용의 방향으로의 관심(interactional attention to the aspect)
- 긴장 해소-정신적인 정화작용(tension discharge)
- 일시적인 대상-직접적인 연결이 두렵거나 고통스러울 때 무생물 대상 사용(transitional objects)
- 진정한 움직임(Authentic movement)

2. 무용동작치료사가 갖추어야 할 치료기법

치료의 기법은 일반적으로 체이스의 무용치료 방법론의 기본 구조 안에서 변형된 기법들이다.

1) 워밍업 방법

- 원형 워밍업

- 개인 워밍업
- 신체 정열

2) 발전적 주제를 위해 사용하는 자료

- 변화하는 물체들(여러 색깔과 크기의 공들, 여러 색의 풍선, 여러 색의 스카프, 다양한 타악기들, 신축성 있는 천들, 다색깔의 종이 등)

3) 특수한 단어를 통한 움직임

- 움직임을 위한 단어들(뻗치기, 끌기, 밀치기, 구부리기, 비틀기, 피하기, 치기, 흔들기, 걷기, 뛰기, 가볍게 뛰기, 한 발로 뛰기, 전속력으로 달리기, 껑충 뛰기, 높게, 낮게, 크게, 작게, 빠르게, 느리게, 날카롭게, 둥글게, 대각선으로, 앞으로, 뒤로, 옆으로 등)
- 서로 상반된 움직임들(가볍게/무겁게, 멀리/가깝게, 예/아니오, 할 수 있다/할 수 없다, 열기/닫기, 여성스러운/남자다운, 어린애같이/성숙한, 유지/분해, 밑으로/위로, 주고/받고 등)

4) 특수한 신체 부분의 움직임

- 신체의 부분들을 분리해서 읽고 움직이기
- 내가 가장 좋아하는 부분/가장 싫어하는 부분
- 움직이기에 가장 어려운/움직이기에 가장 쉬운
- 감정적으로 스트레스가 많은/감정적으로 즐거운
- 그 밖의 좋아하는/그 밖의 싫어하는

5) 자유로운 움직임

- 음악의 리듬에 맞추기/음악의 리듬에 맞추지 않기

- 오른쪽 중심/왼쪽 중심
- 신체의 뒷부분을 앞의 방향으로
- 언어와 움직임을 상관없이

6) 그룹 치료를 위한 움직임 기법, 특별한 언어와 방법들

- 과거 · 현재 · 미래
- 조상과 후손
- 새로운 공간으로 들어가기, 출생에서 죽음까지
- 여러 역할, 여러 개의 이름, 여러 가지의 색깔
- 부모로서의 역할들(양육하기, 거절하기, 귀찮은, 소유하기, 지배하기, 응석받아주기, 쾌활한)
- 우주의 요소(구름, 별, 해, 달, 물, 불, 흙, 바람꽃, 동물, 물고기, 나무, 새 등)
- 공간과 초점
- 부정적인 측면과 긍정적인 측면
- 민담을 통한 상징적인 내용 서술하기

3. 이상적인 치료관계 형성을 위한 제안

치료적 협력은 치료사-내담자의 관계를 성공으로 가기 위해 아주 중요하며, 개별적으로 내담자와의 치료적 협력의 발달과정을 통해 성취단계로 갈 수 있다.

치료적 관계 형성 과정

- 내담자의 신체 움직임을 관찰하고 목록을 평가한다.
- 치료의 목적을 세운다(목적은 종종 치료과정 동안 바뀔 수 있다).
- 움직임의 주제를 정하고 과정을 시작한다.
- 행동적으로 변하기 쉬운 움직임을 사용한다(이것은 움직임의 패턴을 의식적 자각으로 가져가는 데 쉽게 할 것이다).

- 현재의 행동과 관련해서 움직임의 패턴들을 어떻게 관찰하는지 내담자가 이해하도록 돕는다.
- 역기능적인 움직임의 패턴을 바꾸고, 더 건강한 협력 장치로 그것들을 대체할 방법을 내담자가 확인하도록 돕는다.

1) 간섭하지 않고 내담자와 함께 있으며, 기다리는 능력을 발전시킬 것

기법: 치료자를 따르게 하기보다 내담자 스스로가 만족할 수 있는 방식으로 움직이도록 내담자를 격려할 것. 그룹 치료 구성원들이 자신을 다치게 하거나, 다른 내담자, 치료사를 다치게 하지 않는 것을 제외하고, 동작의 옳고 그름은 없다는 것을 설명할 것

2) 내담자와 신뢰감 있고 따뜻한 관계를 형성할 것

기법: 신뢰감을 전달하기 위해 적절한 방법으로 확인 전화를 할 것

3) 전체 그룹이 춤을 추고 있을 때 참여할 것

기법: 그룹에 참여하는 법을 시범 보일 것. 치료사의 시범 행동은 그룹의 결합력을 높이는 데 매우 중요하다.

4) 환경이 안전하고 즐거운 것이라는 것을 확신시킬 것

기법: 내담자들의 동선에 아무것도 없으며, 그러므로 다치는 일은 없을 것임을 확신시킬 것.

5) 개인과 그룹 전체의 안녕을 보호할 것

기법: 내담자와 다른 그룹 구성원의 안녕과 안전을 보장할 것. 내담자가 다치거나 그들 스스로 혹은 다른 그룹 구성원, 치료사를 다치게 할 위험이 있으면 치료사는 침착하게 개입하여야 한다.

6) 사적으로 그룹 구성원들의 설명을 받아들이는 것을 피할 것

7) 간호사, 사회사업가, 조수, 행정 직원들과의 관계에 매우 유의할 것

기법: 병원 임상에서 사용되는 절차는 시작 단계 시, 하위 기능 그룹과 일을 하게 될 때, 상위 기능 그룹에서 사용되는 그것들과는 다름을 인지할 것. 준비운동 시간에 구조화되고, 드러나고, 제시된 동작을 사용하며, 내담자가 보여주고자 하는 느낌들에 매우 주의를 기울일 것

8) 내담자의 안전과 치료를 증진하기

기법: 내담자에 대한 긍정적 행동 변화를 인정할 것. 비록 가장 작은 진전이 있더라도 그 진전이 내담자에게 일어났음을 확신하고 내담자에게 긍정적이며, 진실할 것. 이러한 방법을 통해, 치료사는 내담자가 그들의 자아를 정립하고, 또한 치료적 연계와 신뢰 관계를 구축하는 데 도움을 줄 수 있다.

결론

본 연구는 무용동작치료사 과정생들을 위한 교수 모델 연구로서, 과학적이고 체계적인 방법으로 접근하여 최선의 교수 방법을 구조화하고 계획화하고자 하였다.

무용동작치료사들은 내담자의 근육 움직임과 심리적, 그리고 생리적 과정 사이의 상호관계에 초점을 두어 관찰하게 되며, 내적 감정과 충동을 표현하게 함으로써 개인의 정체성을 찾게 해 준다. 또한 신체에 기억되어 있는 심리적인 억압 · 불안 · 고통 등의 장애를 표출하게 해 줌으로써 현 상황을 통해 그들만의 상징 · 이미지 · 기억 · 환상 · 경험으로부터 감정적인 주제를 드러내 줄 수 있어야 한다.

따라서 무용동작치료사를 위한 교육 관련 내용은 다음과 같다.

- **교육 목적**은 인간의 정신과 신체, 마음을 통합시키기 위해 모든 움직임을 정신치료의 목적으로 사용할 수 있는 전문가로서의 무용동작치료사를 키우는 것으로, 과정생들이 과학적 이론과 풍부한 임상경험을 통해 치료사의 품성과 자질을 키우는 것이다.
- **교육 방법**은 정보처리 모델, 사회적 모델, 개인적 모델, 행동적 체제 모델 방법이 있으며, 학습 스타일에 따른 교수법과 효율적 · 비효율적 교수법이 있다.
- **교육과정 구성**은 전공필수과목(29학점: 무용동작치료의 이론과 실제, 집단무용동작치료 세미나, 무용동작치료의 이해, 창의적 무용동작치료 세미나, 동작 관찰 및 분석, 해부학과 기능학, 창의적 예술치료 세미나, 무용동작치료 사례 연구, 심리치료의 이론과 실제, 이상심리, 정신장애의 진단과 분류), 필수 임상실습 720시간과 수퍼비전 120시간 및 전공 선택과목(20학점: 무용동작치료 진단 평가 세미나, 연구 방법론, 최신 심리이론, 가족 무용동작치료, 생리심리학, 통계 및 실험설계, 논문 세미나, 임상심리 연구 동향, 아동과 청소년을 위한 무용동작치료, 신체 지각과 심리 관찰)이 필요하다.

또한, 무용동작치료사가 되기 위해서는 다음과 같은 지식과 자세를 갖추어야 함을 제안하고자 한다.

첫째, 과학적이고 이론적인 교육을 통해 실제 과정에서 일어나는 동일함을 증명할 수 있는 이론적인 구조를 가지고 있어야 한다.

둘째, 치료사의 개입에 관한 훈련으로, 내담자에게서 관찰된 움직임과 언어에 치료사의 기술을 맞추어 당면한 주제를 끌어낼 수 있어야 한다.

셋째, 치료사로서의 관찰 훈련으로, 내담자의 내적 동작을 관찰하기 위해서 체계적인 접근법을 사용할 수 있어야 한다.

넷째, 치료사의 문제 분석 능력으로, 내담자의 문제를 주의 깊고 객관적으로 듣고 관찰할 수 있어야 한다.

다섯째, 치료사의 전문성으로, 지지적이고 공감적인 치료환경을 제공하며, 내담자의 존엄성과 개별성을 존중해야 한다.

여섯째, 치료사의 윤리성으로, 내담자의 문제는 치료사가 비밀을 지켜주어야 한다.

12장
COVID19 이후, 언택트 DMP 심리치료

언택트 DMP 몸 · 마음 바라보기

예술치료는 오감을 활용한 경험과 표현을 통해 치료적 효과를 가져온다. 따라서 지난 2020년 1월부터 시작된 COVID19는 우리의 생각을 전면적으로 바꾸지 않으면 안 되게 만들었다.

화상을 통한 심리치료는 실제 만나면서 이루어지는 치료와는 다르게 감각적 · 정서적 경험을 크게 주기 어려울 것이라고 인식될 수밖에 없었다. 이는 신체 감각적 · 정서적 교류 등으로 경험되는 예술치료의 창조적 경험이라는 특성 때문으로, 화상을 통한 예술치료는 한계가 있다고 생각한 것이다.

컴퓨터나 태블릿, 휴대전화 등의 화면 안에서 이루어지므로 섬세한 교감과 치료의 상호작용이 쉽지 않지만, 앞으로 우리의 삶은 자연스럽게 메타버스 등과 함께 실제와 가상현실, 증강현실이 병존하는 형태로 나아가게 될 것이다.

그러므로 2020~2021년에는 여러 대상(개인의 정서 치료, 약물중독, 보육원 아동들, 성폭력 피해 청소년 등)에게 실제와 가상의 예술치료를 시행해 보았으며, 그 결과로 좋은 점과 좋지 않은 점을 파악할 수 있었다. 그리고 무엇보다 그 경험을 예술치료사들은 어떻게 몸으로 느끼고 정서를 표현하는지를 보기 위해 무용동작치료[DMP] 과정을 실행해 보고 치료사들의 의견을 수렴하였다. 이 글을 잘 참고한다면, 새 시대에 새롭게 깨어나는 예술치료사들에게 큰 도움이 될 것이다.

1. DMP 과정

무용동작치료의 주된 목적은 정신과 신체의 통합과 인식, 신체상이 강화된 현실적 감각, 움직임 표현 형식의 확장이나 충동의 조절, 감정조절, 사회성 · 관계성 확대 등을 돕는 데 있다.

무용동작치료사는 호흡과 관련된 확장 · 수축뿐만 아니라, 여러 가지 다양한 공간적 개념 속에서 타인과 연관된 공간 형태, 다양한 촉각, 시각, 근육, 운동지각과 청각 자극이 신체적으로 통합을 이룰 수 있도록 해야 한다.

음악과 시각 자료는 이미지를 표현할 때 참여자로 하여금 내적인 표현을 진실하게 나타나게끔 도와주며, 신체 동작을 하는 데도 리듬성을 돋운다.

자발성을 통해서 좀 더 나은 활기와 즉흥성 및 창의성 감각이 나오는데, 자발성은 정화Catharsis에 가장 중요한 요소이며, 자발적인 상호작용을 통해 새로운 마음의 문이 열리게 된다. 무용동작치료에서는 몸의 정서적 움직임이 주된 도구이지만 언어화가 무시되어서는 안 되며, 잠재력을 극대화하기 위해 움직임과 관련된 인지 · 사고 과정이 발달하게 도와야 한다.

무용동작치료는 다음과 같은 세부적인 과정이 필요하다.

1) 대상자의 진단과 평가

- 대상자의 발달, 개인적 · 사회적 배경, 병력 검토
- 움직임 활동을 통해 나타나는 대상자의 신체적 · 심리적 발달, 사회성, 운동력, 인지력, 커뮤니케이션 수준 관찰

2) 대상자의 치료적 목적과 목표 설정

- 단기치료 목적, 장기치료 목적 설정
- 회기별 치료 목표 설정

3) 설정된 목적을 달성하기 위해 무용동작치료 활동 계획

- 대상자에게 필요한 치료 적용 계획서 작성
- 대상자에게 적절한 프로그램의 적용

4) 치료 활동을 적용하고 환자의 반응을 평가

- 비디오를 통한 동작 관찰 및 분석
- 평가 소견서 작성

언택트 DMP

1. 어린 왕자의 이미지를 통한 몸 · 마음 바라보기 실제

공허하고 불안한 삶과 혼란스러운 세상 속에서 살아가는 우리의 현실에 직면해, 어린 왕자 이미지를 통해 자신의 내면을 바라보면서 존재의 가치를 깨우치게 하는 이미저리imagery 무용동작치료[DMP]이다.

1) 화면 이미지를 통한 이해와 준비

- 어린 왕자: 화산구 3개, 장미꽃, 커다란 바오밥나무와 함께 B612(소행성)에서

살고 있다.

- 비행사: 화가라는 꿈을 버리고 비행기 조종사가 되어 사하라사막에 불시착하여 주인공을 만나고 어린 왕자의 여행 이야기를 들으며 비로소 본인이 잃어버린 것들에 대한 가치를 깨닫는다.
- 장미: 주인공이 특별히 보살피는 특별한 꽃, 허영심이 가득한 말을 자주 내뱉어서 어린 왕자에게 상처를 준다.
- 여우: 지구에 도착한 어린 왕자에게 길들인다는 것에 대한 의미를 깨닫게 해주는 동물이다.
- 뱀: 지구에 와서 처음으로 만난 동물로, 어린 왕자가 다시 자신의 별로 돌아갈 때 도움을 준다.

2) 과정: 이미지를 통한 몸의 경험

장미 씨앗이 찾아온 어느 날, 어린 왕자는 그 씨앗을 관찰하고, 그 씨앗이 장미라는 걸 알게 된다. 네 개의 가시가 달린 장미는 다른 꽃들과 다르게 자존심이 세고 새침해서 어린 왕자를 힘들게 한다. 그래서 불행해진 어린 왕자는 그 별을 떠나 다른 별나라를 경험한다.

첫 번째, 신하 한 명 없이 명령만 내리는 왕이 사는 별
두 번째, 허영심이 가득하여 숭배받고 싶은 자가 사는 별
세 번째, 늘 술에 취해 부끄럽고, 부끄러워 술을 마시는 자가 사는 별
네 번째, 별을 세며 세는 만큼 자기 것이라 계산하는 장사꾼
다섯 번째, 가로등 하나와 점등인 한 명이 있는 별
여섯 번째, 서재에서 탐험가들의 책과 글로 이해하는 지리학자가 사는 별,
일곱 번째, 지구의 별에서 '사막여우'를 만나다.

* 일곱 별에 사는 인간들의 모습을 이미지로 탐험하고 만나고 말을 걸면서, 자

신의 내면에 있는 모습을 몸으로 경험하기.

비밀을 말해 줄게. 비밀은 아주 단순해. 그건 마음으로 보아야 잘 보인다는 거야. 가장 중요한 건 눈에는 보이지 않아.

길들인다는 것은 관계를 형성하는 것이고, 네가 나를 잘 보살피고 이해한다면 나는 너와 이 세상에 오직 하나밖에 없는 특별한 존재가 될 거야.

별들이 아름다운 건, 보이지 않는 한 송이 꽃 덕분이야….

사막이 아름다운 건, 어딘가에 샘물이 숨겨져 있기 때문이야….

별을 떠난 지 1년이 될 때 다시 자기 별로 돌아가기로 결심한다.

어린 왕자가 직접 물을 주고, 유리 덮개를 씌워 바람을 막아 주고, 벌레를 잡아 준. 세상에서 단 하나뿐인 장미를 책임지기 위해서….

"난 죽은 것처럼 보일 테지만 그건 사실이 아니야." "내 몸은 버려야 할 낡은 껍질 같은 거야, 껍질은 슬픈 게 아니야."

3) 현재의 몸으로 돌아오기와 나누기

(1) 언택 무용동작치료를 경험했을 때 호흡, 감각, 정서 상태를 충분히 느낄 수 있었습니까?

① 안전한 공간에서 청각에 의지해 호흡할 때, 신속히 신체 감각 · 호흡을 느낄 수 있었고, 지금-현재 나의 정서 상태를 느낄 수 있었다.

② 생각보다 집중하고, 충분한 감각을 느낄 수 있었고 나의 상태에 머무르는 것이 쉬웠다.

③ 호흡, 감각, 정서 상태를 잘 느낄 수 있었다. 그러나 정서 상태는 환경의 제한(핸드폰 불안정, 환경 제한)으로 끊기거나 지체.

④ 호흡, 감각, 정서를 느끼기에 불편함이 없다. 진행하는 치료자의 역량에 따

라 다를 것 같다.

⑤ 타인을 의식하지 않아도 돼서 생각보다 쉬웠다. 차분하게 호흡, 신체 감각, 정서를 경험했으며, 타인의 움직임을 보는 것만으로도 소속감과 집단의 역동을 느낄 수 있었다.

⑥ 치료사가 눈앞에 없어 소리에 더 집중할 수 있었고, 오히려 자신의 호흡, 감각, 정서를 더 느낄 수 있었다.

⑦ 개인적으로 움직임을 시작하는 데 오래 걸리며, 혼자서 있을 수 없는 환경(어린 자녀)으로 인해 집중이 방해되었다.

→ 대부분 참가자가 타인을 의식하지 않아도 되므로 집중해서 신체 감각 · 호흡을 느끼기 쉬웠다. 신체 감각과 정서 상태까지 느끼기 위해서는 치료사의 역량, 혼자 있을 수 있는 환경이 필요하다.

(2) 언택 DMP를 경험하면서, 이미지나 상징적인 것이 일어난 것이 있습니까?

① 그렇다. 스토리를 따르니 이미지가 자연스럽게 떠올랐으며, 감정 · 정서 상태에 따라 '블랙홀'이 떠올랐다.

② 이미지나 상징적 경험보다는 청각 감각과 리듬에 집중하여 움직임을 탐색하는 것에 더 집중되었다.

③ 그렇다. 어린 왕자가 감정 이입되어 진흙을 걷기, 평화로움 등의 상징을 경험.

④ 그렇다. 모래를 허탈하게 쏟아붓는 이미지, 삼면거울 속에 있는 기분. 카메라와 화면들이 의식되기도 함.

⑤ 그렇다. 바닷물, 바람의 이미지. 동화의 스토리를 활용하여 움직임을 하니 구체적으로 이미지가 일어났다. 현실의 다양한 상황과 인물들이 떠오르며 그에 따른 감정이 올라옴.

⑥ 그렇다. 눈을 감고 치료사의 리더에 따르니 이미지가 잘 일어났다.

⑦ 마음의 느낌을 따라간다면 크게 도움이 되리라 본다.

→ 스토리에 이입되어 움직임을 하니 부분의 참가자들이 이미지가 떠올랐다. 블랙홀, 현실 속의 상황이나 인물, 진흙, 평화로움 등….

(3) 언택 무용동작치료를 통해서 창의적이거나 자발적인 것이 일어났습니까?

① 스토리를 따라 움직이니까 이미지와 움직임이 자연스럽게 일어났다.
② 리듬에 집중하니 자발적인 움직임이 이루어졌다.
③ 이미지를 통해 창의적 움직임, 감각이 일어났다.
④ 색깔과 이미지가 일어났다.
⑤ 움직임을 오래, 충분하게 하고 싶다는 욕구가 올라옴. 자발적인 움직임을 위해 더 시간이 필요했음. 몰입할 수 있는 부분들을 깊게 작업한다면, 충분히 자발적이고 창의적인 움직임이 가능하다 여김.
⑥ 치료사의 시각 자료와 음악을 들으니 도움이 되고 연결이 되었다.
⑦ 어려웠다. 집중하고 마음의 준비를 충분히 하면 가능할 것 같다.

→ 시각 자료, 스토리, 리듬, 음악 등을 활용하니 자발적 움직임과 욕구가 일어났다. 참가자에 따라 충분한 시간과 워밍업이 필요하다.

(4) 언택트 시대에 심리치료적으로 접근할 수 있는 또 다른 방법은 어떤 것이 있을까요?

① 소리에 집중하는 방법
② ZOOM MEETING 세션은 그룹 · 개인적인 탐색과 성찰을 충분히 할 수 있다 본다.
③ 언택트 안에서 공감할 수 있으며 스토리, 이미지를 활용한 방법이 좋다고 생각된다. 또한, 장애가 있는 대상자들에게 다양하고 재미있는 매체를 통해 스스로 자신의 신체를 접촉하며 감정적 반응이 일어날 수 있도록 하는 방법
④ 경험을 말로 나누는 집단 상담과 연결 가능
⑤ 치료사의 목소리 안내를 통한 내담자의 움직임을 촬영하고, 내담자의 움직임을 일기 형식으로 치료사와 주고받는 것. 내담자의 움직임을 보고 치료사

가 떠오른 이미지를 다시 알려주고, 움직임을 되돌려 주는 것은 더 깊은 작업을 가능하게 할 것 같다.

⑥ 언택트에 가장 맞는 방식이지만, 치료사들에게 꾸준한 경험이 필요하다.

→ 청각(소리)에 집중하는 것.
→ 이미지, 스토리, 장애 아동 등을 위한 매체와 후각(아로마 테라피)을 활용하는 것.
→ ZOOM을 통해 언어적으로 경험을 나누는 것.
→ 움직임을 촬영한 것을 일기 형식으로 치료사와 나누는 것을 통해 더 깊은 작업하기.
→ 꾸준히 경험하는 시간 필요.

(5) 마지막으로 언택트 예술치료의 경험에 대해서 자유롭게 기술해 주세요.

① 청각에 집중하게 되어 감각을 더 느낄 수 있었다. 그룹 간의 상호작용 및 역동 읽기는 콘택트에 비해 약했다. 지속해서 진행한다면 화면 장비, 스피커, 마이크 등이 필요하다.

② 장비가 좋아져서 집중이 잘 되었다. 청각 감각에 의존해 자신을 탐색하는 과정이 수월했다.

③ 생소하지만 흥미롭고 재미있었다. 치료로서의 의미도 있다. 긴장감이 없고 내담자가 쉽게 선택 · 취소할 수 있는 여유가 편안함과 안정감을 제공, 감정이입에 도움이 되었다. 언택트 예술치료의 방법론(언어지시법, 언택트 방법론, 매체 활용)들이 만들어지면 현시대에 유용하고 필요성을 충족하는 치료가 될 것이다.

④ 나에게 집중하기 적절했고 편했다. 그러나 타인과 상호작용하기에 어렵다. 기술적으로 세팅하고 다양한 상황에 대처하기 위해 훈련되고 역량 있는 사람이 진행해야 한다.

⑤ 개인적으로 지닌 선입견이 있었지만, 이번 경험을 통해 언택트 예술치료의 다양한 가능성과 장점을 찾을 수 있었다. 집단 안에서 자신에게 몰입하고 집

중할 수 있는 장점이 느껴졌다. 또한, 시간과 장소에 크게 구애받지 않아서 좋았다. 언택트 예술치료에 대한 다양한 실험적 시도를 통해 영상 장비, 음향 장비들의 효율적 사용을 찾고 한계점을 개선한다면 충분히 현실화할 수 있다.

⑥ 대면에 비해 아쉬움이 남는다. 서로의 움직임 · 표정 관찰의 한계가 느껴짐. 장비의 중요성이 대두되며 음향 장비(스피커, 마이크) 덕분에 소리에 집중할 수 있었다.

장점

- 혼자 청각에 집중할 때 안정적으로 감각 · 감정에 더 집중할 수 있음.
- 장비의 도움(스피커, 마이크)을 통해 전달이 잘 되어 집중하기 좋음.
- 시간과 공간의 한계를 극복하며 내담자에게 선택할 수 있는 여유 제공.
- 언택트 예술치료의 방법론을 위해 적절한 이론 체계(언어지시법, 언택트 방법론, 매체 활용)가 만들어지면 현시대의 필요를 충족할 수 있음.

단점

- 역동을 읽는다든지 서로의 표정이나 움직임을 통해 상호작용하는 것의 한계.
- 인터넷 환경이 불안정할 경우 끊기는 흐름.
- 적절한 장비와 언택트 치료에 능숙한 치료사의 역량이 필요.

이 연구는 2020년 1월 시작된 COVID19 이후, 2020년 8월 언택트 줌zoom으로 필자가 무용동작치료사 30명에게 DMP 워크숍을 실시하였고, 워크숍 후 그 경험에 대한 설문 조사 및 인터뷰를 통해 도출된 공통적 답변을 결과로 작성한 것이다.

부록

LMA를 활용한 동작 관찰 척도

• 일시: • 회기: • 대상자 명: • 관찰 분석자:

본 척도는 루돌프 본 라반Rudolf Von Laban에 의해 만들어진 라반움직임분석[LMA]의 이론기반으로 구성되어 있다. LMA란 신체적 경험을 포괄적이고 보편적으로 설명하고 있으며, 춤을 포함한 인간의 모든 움직임을 분석하는 체계적 이론으로 평가되고 있다. 즉 이것은 인간(내담자)의 움직임을 묘사할 수 있는 포괄적인 어휘와 분석의 틀로써 4가지 주요 분석 카테고리로 이루어져 있으며, 이는 신체적 측면(Body), 질적인 측면(Effort), 형태적 측면(Shape), 공간적 측면(Space)들이 포함되어 있다.

1. 신체(Body)

신체적 측면 — 무엇(What)을 움직이는가?				
몸의 자세, 포스처		제스처		
좁은(Narrow)		좁은(Narrow)		
중립적인(Neutral)		중립적인(Neutral)		
넓은(Wide)		넓은(Wide)		
무너진(Sunk)		무너진(Sunk)		
에너지 및 역동 수준				
제한적임(Limited)				활동적임(Extensive)
1	2	3	4	5
표현력(감정 표현의 능력)				
1	2	3	4	5
자발성(창의성의 능력)				
1	2	3	4	5
사회적 관계성(친화력의 능력)				
무반응적(Unresponsive)				반응적(Responsive)
1	2	3	4	5
상호간 접촉이 없음(Does Not Initiate)				접촉함(Initiates)
1	2	3	4	5
눈 접촉(상호작용 능력)				
없음(Non)				있음(Total)
1	2	3	4	5

신체적 긴장도(1~5)			
얼굴		허리-엉덩이	
입		골반	
목		팔	
어깨		손	
가슴		손가락	
등		다리	

2. 에포트(Effort)

질적인 측면 — 어떻게(How) 움직이는가? 환경에 대한 내부의 반응(On-drive), 내부의 태도(Inner attitude)와 내면적 충동(Impulse)				
공간(Space): 주의력 기능과 관련을 의미				
직접적인 Direct(straight, undeviating, channeled)				
1	2	3	4	5
간접적인 Indirect(spiraling, flexible)				
1	2	3	4	5
시간(Time): 결단, 결정을 내리는 것을 의미				
빨라지는 Quick(sudden, instantaneous)				
1	2	3	4	5
점점 느려지는 Sustained(slow, lingering)				
1	2	3	4	5
무게(Weight): 의지의 표현을 의미				
강한 Strong(forceful, vigorous)				
1	2	3	4	5
가벼운 Light(weightless, buoyant)				
1	2	3	4	5
흐름(Flow): 감정과 진행 과정을 의미				
제한적인 Bound				
1	2	3	4	5
자유로운 Free				
1	2	3	4	5

3. 세이프(SHAPE)

형태적 측면 — 어떻게 환경과 관계하는가?		
세이프 흐름(Shape Flow)		
방향지향적 세이프(Directional Shape)	진선 같은(Spoke-like)	
	원호 같은(Arc-like)	
세이핑(Shaping)		

4. 공간(SPACE)

공간적 측면 — 어디로(Where) 움직이는가?			
개인 공간(Personal Space)			
가까운(Near) 접근		낮은(Low) 높이	
중간(Middle) 접근		중간(Middle) 높이	
멀리(Far) 접근		높은(High) 높이	
일반 공간(General Space)			
내적, 내면 공간(Inner Space)			

DMP를 통한 감정, 신체, 이미지

해당하는 곳에 체크	전혀 그렇게 생각하지 않는다	그다지 그렇게 생각하지 않는다	어느 쪽도 아니다	약간 그렇게 생각한다	아주 그렇게 생각한다
감정					
1. 차분해지고, 편안해진다.					
2. 긴장되고 불안해진다.					
3. 밝고 활기차진다.					
4. 피곤하여 녹초가 된다.					
5. 주변 사람에게 친밀감을 느끼게 된다.					
6. 주변 사람을 피하게 된다.					
7. 자신을 소중히 생각하고, 긍정적으로 된다.					
8. 자기 일이 싫어진다.					
9. 신경 쓰였던 일이 작고 가볍게 느껴진다.					
10. 신경 쓰였던 일이 크고 무겁게 느껴진다.					
11. 타인과 함께하는 것이 즐거워진다.					
12. 초조하고 불편해진다.					
신체					
1. 몸이 이완되고 호흡이 편안해진다.					
2. 긴장하여 뻣뻣해진다.					
3. 편안함을 느끼고 몸이 소중하다고 느낀다.					
4. 몸을 괴롭힌다.					
5. 자신의 몸의 감각을 느낄 수 없다.					
6. 몸을 자기 자신으로 느낀다.					
7. 주변 사람의 따스함이나 숨결을 느낀다.					
8. 주변 사람의 몸을 물체로만 느껴진다.					
9. 몸을 통한 리듬성이 즐겁다.					
10. 몸을 통한 리듬성이 없다.					
이미지 표현					
1. 이미지를 생각하면 표현이 일어나고, 표현하는 것은 자신에게 의미가 있다.					
2. 이미지를 생각하며 움직이는 것은 고통이다.					
3. 이미지 표현이 일어나지 않는다.					
4. 이미지 표현은 진정한 자신을 만나는 데 도움이 된다.					

신체적 자아 등급 항목

문항	항목	매우 그렇다	그렇다	그저 그렇다	아니다	매우 아니다
1	나는 건강한 몸을 가지고 있다.					
2	나는 언제나 멋지고 깨끗해 보인다.					
3	나는 매력적인 사람이다.					
4	나는 아픔과 고통으로 가득 차 있다.					
5	나는 나 자신을 단정치 못한 사람이라고 생각한다.					
6	나는 병들어 아픈 사람이다.					
7	나는 너무 살이 찌지도 너무 마르지도 않는다.					
8	나는 키가 너무 크지도 너무 작지도 않다.					
9	나는 나의 보이는 그대로의 내 모습을 좋아한다.					
10	나는 만족스러운 상태면서도 그것을 느끼지 못한다.					
11	나는 나의 신체의 어떤 부분을 바꾸고 싶다.					
12	나는 지금보다 좀 더 성적 매력을 갖추어야 한다.					
13	나는 신체적으로 나 자신을 돌봐야 한다.					
14	나는 대부분 시간에 기분이 좋다.					
15	나는 외형에 신경을 쓰려고 노력한다.					
16	나는 스포츠와 게임에는 취약하다.					
17	나는 "두서없이 일을 처리해서 일을 망치는 잘못"을 하곤 한다.					
18	나는 잠을 깊이 자지 못한다.					

Yalom의 Q-Sort 단축형

• 이름: • 나이: 만 세 • 성별: • 실시일:

다음의 문항들은 집단 무용치료에서 경험할 수 있었던 일들입니다. 다음 문항들이 당신에게 얼마나 도움을 주었는지에 대해 각 문항 옆에 있는 번호에 ○표해 주십시오.

매우 도움이 되었다고 생각하면 ········ 5
도움이 되었다고 생각하면 ········ 4
보통이라고 생각하면 ········ 3
도움이 안 되었다고 생각하면 ········ 2
전혀 도움이 안 되었다고 생각하면 ········ 1

1	나 자신이 다른 사람에게 도움을 주었고, 이를 통해 보람을 느꼈다.	5	4	3	2	1
2	나는 집단에 대한 소속감을 느꼈으며, 집단 내에서 나의 부끄러운 부분을 표현했을 때도 다른 구성원들이 이해하고 받아 주었다.	5	4	3	2	1
3	내가 느끼고 생각하는 것이 다른 사람들과 비슷하다는 것을 알았다. 다시 말해 내가 특별히 잘나지도 않았고 특별히 나쁜 사람도 아니라는 것을 알았다.	5	4	3	2	1
4	나에 대해 다른 사람들이 어떻게 생각하는지 또는 내가 다른 사람들에게 어떤 인상을 주는지 집단을 통해 알게 되었다.	5	4	3	2	1
5	집단의 다른 구성원들과 사귀는 방법을 배웠고, 사람들과 어울리는 기술을 향상했다.	5	4	3	2	1
6	집단 리더나 구성원들이 나의 문제에 대해 방향을 제시해 주거나 해결 방법을 제시해 주었다.	5	4	3	2	1
7	마음속의 괴로움을 시원스럽게 말로 표현할 수 있었다. 그리고 나의 감정을 어떻게 표현해야 하는지를 배웠다.	5	4	3	2	1
8	리더나 집단구성원 중에 행동이나 태도를 그대로 본받고 싶은 사람이 있었다.	5	4	3	2	1
9	집단에서 나의 가정과 같은 분위기를 느꼈다. 그리고 예전에 있었던 나의 가족관계를 이해하는 데 도움이 되었다.	5	4	3	2	1
10	예전에 몰랐던 나를 발견하였고, 내가 왜 이런 식으로 생각하고 느끼게 되었는가를 이해하게 되었다.	5	4	3	2	1
11	나와 비슷한 문제를 해결하여 변화된 사람들을 보고 나도 희망을 품게 되었다.	5	4	3	2	1
12	다른 사람들로부터 많은 도움과 지지를 받는다고 하더라도 결국 인생은 혼자 마주쳐야 하며, 최종적인 책임은 스스로 져야 한다는 것을 깨달았다.	5	4	3	2	1

참고문헌

류분순(1998). 무용/동작치료 관찰과 해석을 위한 KMP연구. 임상예술 vol. 9. 한국임상예술.

류분순(2001). 약물중독자를 위한 무용치료 연구. 임상예술 12. 76-82.

류분순(2002). 무용/동작치료의 임상적 적용과 그 효과. 심리치료. 서울여자대학교.

류분순(2004). 마음치료의 열쇠 – 춤. 동작치료. 서울. 학지사.

류분순(2006). 무용동작치료가 성폭력 피해 청소년들의 자존감 향상에 미치는 효과. 임상예술 13. 35-40.

류분순(2007). 가족무용치료에 관한 연구. 한국무용교육학회지 제18집.

류분순(2007). 무용동작 치료학. 서울: 학지사.

류분순(2008). 무용동작 심리치료가 성폭력 피해 청소년의 외상후 스트레스, 뇌파 및 자아정체감에 미치는 효과. 홍익대학교 대학원 박사학위 논문.

류분순 역(2009). 춤동작을 통한 마음치료. 서울: 하나의학사.

류분순 역(2010). 창의적 통합예술치료 매뉴얼. 서울: 하나의학사.

류분순(2017). 무용 · 동작 심리치료. 서울: 학지사.

보건복지부 www.mohw.go.kr

성광수, 조광제, 류분순(2003). 몸과 몸짓 문화의 리얼리티. 서울: 소명 출판.

여성가족부(2021). 성폭력 피해자 치유 프로그램. 서울: 여성가족부.

이재훈 역(1997). 위니컷의 놀이와 현실. 한국심리치료연구소.

이태희(2002). 뇌와 마음. 서울: 도서출판, 참나무.

한국댄스테라피협회(2021). www.kdmta.org.

Ackerman, N. W. (1966). Treating the troubled family. New York: Basic Books.

Ackerman, N. W. (1970). Family Therapy in Transition. Boston: Little, Brown.

Ackerman, N. W. (1972). The Growing Edge of Family Therapy, In. C. Sager & H. Kaplan (Eds.). Progress in group and family therapy. New York: Brunner/ Mazel.

AJDTAD4, (2004). American dance therapy association. 26(2).

American Dance/Movement Therapy Association. (1986). ATDA manual. Columbia, MD: American Dance/Movement Therapy Association.

Antioch New England Graduate School. (2002). Master's Catalogue, 2003-2005. (pp. 30-33).

Arieti, S. (1976). Creativity. New York: Basic Books.

Balint, M. (1968). The basic fault. New York and London: Tavistock/ Routledge, 1989.

Bartenieff, I., & Dabis, M. (1965). Effort-shape analysis of movement:The unity of expression and function. Unpublished monograph. Bronx, NY: Albert Einstein Colleges of Medicine(Copies available from Dance Notation Bureau, 8 E. 12th St., New York: NY 1003).

Bartenieff, I., & Lewis, D. (1980). Body movement: Coping with the environment. New York.

Bell, J. (1984). Family therapy in motion: Observing, assessing, and changing the family dance. In P. L. Bernstein (Ed.), Theoretical approaches in dance-movement therapy, Vol. II. Dubuque, IA: Kendall Hunt.

Benov, R. (1991). The collected works by and about Blanche Evan. Available from Blanche Evan Dance Foundation. 146Fifth Avenue, San Francisco, CA94118.

Bernstein, P. (1972). Theory and methods in dance-movement therapy: Amanual for therapists students and educators. Dubuque, LA: Kendall Hunt.

Bernstein, P. (1979). The use of symbolism within a Gestalt movement therapy approach. IN P.L. Bernstein(Ed.),Eight theroretical approaches in dance movement therapy.Dubuque. LA:Kendall Hunt.

Bohlin, R. M., Milheim, W. D., & Viechnicki, K. J. (1993~1994). The development of a model for the design for motivational adult instruction in higher education. Journal of Educational Technology System, 22(1), 3-17.

Carlson, J.& Slavik, S. (1997). Techniques of Adlerian psychology. Bristol, PA: Accelerated Development.

Carlson, J., Sperry, L., & Lewis, J. A. (1997). Family therapy: Ensuring treatment efficacy,Pacific Grove, CA: Brooks/Cole.

Chace, M. (1953). Dance as an adjunctive therapy with hospitalized patients. Bulletin of Menniger Clinic.

Chaiklin, H., (Ed.). (1975). Marian Chace: Her papers. Columbia, MD: American Dance Therapy Association.

Chodorow, J. (1984). 'Dance/movement and body experience in analysis: In M.-Stein(Ed.), Jungian analysis, London: Shambhala. Haworth Press.

Christiane, N. (1997). Women's Bodies, Women's wisdom. 2000 by Hanmunhwa Multimedia Co. seoul korea.

Cohen, B. (1993). Sensing, feeling, and action:The experiential anatomy of bodymind centering. Northampton, MA: Contact Editions.

Columbia College Chicago. (2020). Dance/Movement Therapy Description of Courses-2020 Entrance.

Davidson, R. J., & Fox, N. (1982). Asymmetrical brain activity discriminates between positive and negative stimuli in human infants, Science, 218, 1235-1237.

Davis, M. (1974). 'Movement as patterns of process', Main Currents in Modern Thought 31.

Davis, M. (1975). Towards Understanding the Intrinsic in Body Movement, New York: Arno Press.

Dinkmeyer, D., McKay, G., Dinkmeyer, Jr., D., & McKay, J. (1997). STEP:The parent handbook. Circle Pines, MN: American Guidance Service.

Dodge, K. (1993). Social-cognitive mechanisms in the development of conduct disorder and depression. Annual Review of Psychology, 44, 559-584.

Dosamantes-Alperson, E. (1974). Carrying experiencing forward through authentic body movement. Psychotherapy: Theory, Research and Practice, 11, 211-214.

Dulicai, D. (1976). Dance therapy and its research. Bulletin of the International Conference on Nonverbal Communication, 16-18.

Edna, B., Terence, M. & Matthew, J. (2000). Effective treatmentsfor PTSD. The Guilford Publication.

Erikson, E. (1968). Identity: Youth and crisis. New York and London: W.W. Norton & Company.

Espenak, L. (1989). Movement Diagnosis Tests and The inherent Laws Governing Their Use in Treatment : An Aid in Detecting the Life style. American Journal of Dance Therapy, 11(2),

Fran J, L. (1988). Dance Movement Therapy. Reston, Virginia 22091.

Freud, S. (1955). Analysis of a phobia in a five-year-old boy (1909). The standard edition of the complete psychological works of Sigmund Freud(Vol. 10), London: Hogarth.

Freud, S. (1959). Fragments of an analysis of a case of hysteria 1905). Collected pa-pers(Vol. 3), New York: Basic Books.

Ganet-Sigel, J. (1986). What is dance/ movement therapy? Unpublished manuscript.

Ganet-Sigel, J. (1999). The art and practice of Dance/ Movement Therapy, pearson coustom Publising.

Gazzaniga, M., & Heatherton, T. (2003). Psychological science. NewYork: W.W. Norton & Company.

Goldenberg, I., & Goldenberg, H. (2004). Family Therapy An Overview. Thomson :Brooks/Cole.

Goodill, S. (1987). 'Dance/Movement therapy with abused children', Arts in Psy-chotherapy.

Hill, H. (2001). Dance for people with dementia and their carers. University of Stirling.

Hinrichs, H., & Machleidt, W. (1992). Basic emotion reflected in EEG coherences, International Journal of Psychophysiology, 13(3), 225-232

Jacobs, J. (1994). Incest and the development of the female self. New York: Routledge.

Jakab, I.(1970). Psychotherapy of the mentally retarded child. In N. Bernstein (Ed.), Diminished people. New York: Little Brown.

Joyce, B. R., & Calhoun, E. (1996). Creating learning experiences: The role of instructional theory and research. Alexandria, VA: Association for Supervision and Curriculum Development.

Joyce, B. R., & Weil, M. (1996). Models of teaching. Fifth Edition. Boston: Allyn and Bacon.

Keane, T., Kolb, L., & Kaloupek, D. (1998). Utility of psychophysiology measurement in the diagnosis of posttraumatic stress disorder: Results from a depart-ment of Veteran's Affairs cooperative study. Journal of Consulting and Clinical Psychology, 66, 914-923.

Kernberg, p., & Chazan, S. (1991). Children With conduct-A psychotherapy Manual. New York: Basic Books.

Kestenberg, J. S. and Sossin, K. M. (1994). Movement patterns in infant affect expression: Exploration of tension-and shape-flow features of the IFEEL pictures. Presented at the Fifth Kestenberg Movement Profile Conference, Sponsored by Antioch New England Graduate School, April, 1994.

Kestenberg, J.(1975). Children and Parents: Psychoanalytic Studies in Development, New York: Jason Aronson.

Kestenberg, Judith and Mark Sossin. (1979). The Role of Movement Patterns in DevelopmentII. New York : Dance Notation Bureau.

Kline. F., Burgoyne, R. W., & Staples, F. (1977), A report on the use of movement therapy for chronic, The Art in psychotherapy. 4.

Kohut , Heinz. (1977). The Analysis of the Self. New York : International Universities Press.

Kohut, Heinz.(1977), The Analysis of the Self . New York : International Universities Press.

Kornblum, R., & Halsten, R. (2006). In school dance movement therapyfor traumatized children. Creative arts therapies manual. Charles C Thomas. Publisher.

Kubie, L.(1958). Neurotic Distortions of the Creative Process, 2nd edn 1961, Kansas: University of Kansas Press.

Laban, R. (1966). The language of movement: A guidebook to choreutics. Boston: Plays, Inc.

Lamb, W. (1992). The essence of gender in movement. In S. Loman and R. Brandt(Eds), The body mind connection in human movement analysis. Keene, NH: Antioch New England Graduate School.

Laxtha. (2008). www.laxtha.com

Lewis, P. (1986). Theoretical approaches in dance movement therapy, Vol. I and Vol.II. Dubuque, IA: Kendall Hunt.

Lewis, P. (2002). Integrative holistic health, healing and transformation: A guide for holistic health practitioners, consultants, and administrators. Springfield, IL: Charles C. Thomas Pud.

Liebowitz, G. (1992). Individual dance/movement therapy in an inpatient psychiatric setting. In H. Payue,(Ed). New York and London: Routledge.

Mahler, M., Pine, F. & Bergman, A.(1975). The Psychological Birth of the Human Infant, New York: Basic Book.

Mosak, H. H. (2000). Adlerian psychotherapy, In R. J. Corsini & D. Wedding (Eds.). Current psychotherapies(6th ed.). Itasca, IL: Peacock.

Murphy, J. M. (1979). The use of nonverbal and body movement techniques in working with families with infants. Journal of Marital and Family Therapy, 6, 1-66.

Nichols, M. P. (1987). The self in the system: Expanding the limits of family therapy. New York: Brunner/Mazel.

North, M. (1972). Personality Assessment through Movement. Boston: Plays, Inc.

North, M. (1972). Personality assessment through movement. London: Macdonald and Evans.

Nunnally, Jum C .(1978). Psychometric Theory, (2nd ed). NewYork: McGraw-Hill.

Patterson, T. (1997). Theoretical unity and technical eclecticism: Pathways to coherence in family therapy. American Journal of Family Therapy, 25, 97-109.

Perry, B. (2001). The neurodevelopmental impact of violence in childhood. In D. Schetky, & E. Benedek (Eds.). Textbook of child and adolescent forensic psy-chiatry, 221-238. Washington, DC: American Psychiatric Press.

Perry, B., & Pollard, R. (1998). Homeostasis, stress, trauma and adaptation-A neuro developmental view of childhood trauma. Child and Adolescent Psychiatric Clinics of North America, 7, 33-51.

Perry, H. S. (1982).Psychiatrist of America: The life of Harry Stack Sullivan. Cambridge, MA: Harvard University Press.

Porges, Stephen W. (2011). The Polyvagal theory, W. W. Norton & company, Inc.

Richard J. Davidson & Sharon Begley (2013). Emotional life of your Brain. NY:A plume book

Sandel, S. (1980). 『Movement Therapy with the Elderly』. New York: East mcdow.

Sandel, S. (1980). 'Countertansference stress in the treatment of schizophrenic patients', American Journal of Dance Therapy, 3:20-32.

Sandel. S., & Johnson, D. (1983). Structure and process of the nascent proup: Dance therapy with chronic patients. The Arts in Psychotherapy, 10,131-140.

Scharff, J. S., & Scharff, D. E. (1997). Object relations couple therapy. American Journal of Psychotherapy, 51, 141-173.

Schmais, C. (1985). Healing processes in group dance therapy, American Journal of Dance Therapy, 8, 17-36.

Schoop, T., & Mitchell, P.(1974). Won't you join the dance?: A dancer's essay into the treatment of psychosis. Palo Alto, CA:National Press Books.

Schore, A. (1994). Affect regulation and the origin of the self: The neurobiology of emotional development. Hillsdale, NJ: Erlbaum.

Schore, A. (1998). Memory, brain process and development, part I. Understanding and treating tranma: Developmental and neurobiological approaches: Lifes-pan Learning Institute Conference, Los Angeles, CA.

Schreiber, D. (2004). Instinct to heal: Rodale Inc. Library of Congress Cataloging in Publication Data. U.S.A.

Sherman, J. R., & Dinkmeyer, D. (1987). Systems of family therapy: An Adlerian integration. New York: Brunner/Mazel.

Siegel, E. (1984). The mirror of our selves: Dance-movement therapy and the psychoanalytical approach. New York: Human Science press.

Siegel, E. V. (1998). Dance/ movement therapy: Mirror of ourselces.New York: Human Science Press.

Stern, D. (1985). The interpersonal world of the infant. New York: Basic Books.

Sullivan, H. S. (1953). The interpersonal theory of psychiatry. New York: Norton

Susan, L.S.& Sharon. C& Ann. L. (1993). Foundations of Dance/Movement Therapy. Marian Chace Memorial Fund of the American Dance Therapy Association.

Suzi Totora(2022). Way of seeing. KDTA 2022 International workshop.

www.kostat.go.kr

www.mogef.go.kr

저자 소개

류분순

1994년 KDTA를 설립한 한국의 예술심리치료 선구자로, 미국과 한국의 Board Certified DMT 전문가(America Certification Nomber: BC-867)이다. 1992년~2003년 국립서울병원에서 DMT임상 및 수퍼바이저로 활동하면서, 2001년 무용치료학 석 · 박사 과정을 서울여대 치료전문대학원에서 설계하고 논문지도를 하였다. 임상 감독 후 전문가를 배출하고, 순천향대학교 대학원 심리치료학과 교수를 역임하였다. 이 밖에도 한국문화예술위원회 중앙위원, 한국무용동작심리치료학회장, 한국임상예술학회부회장을 역임하였다. 국 · 내외 활동으로는 서울시교육청, 문화부, 여성부, 법무부 연계 프로젝트로 현재까지 30년간 부부치료, 소년원, 성폭력피해 청소년, 가정폭력여성을 위한 트라우마회복 예술치료를 실행하였고, 미국 무용 치료협회 국제패널, 일본무용치료학회, 세계 표현 정신 병리학회, 유럽 학회 등 30년간 1,400여 회의 워크숍과 세미나를 주관하였다. 현재, 유럽 "Journal BMDP"(Body, Movement Dance in Psychotherapy) 국제 편집위원이자 (사)한국댄스테라피 협회장, ATA 예술치료 아카데미 대표이다. 저서로는 『무용 · 동작 심리치료』(학지사, 2017), 역서로는 『창의적 통합 예술 치료 매뉴얼』(하나의학사, 2010), 『춤동작을 통한 마음치료』(하나의학사, 2009) 등이 있으며, 수십 편의 무용동작치료 논문을 썼다.

몸 정서 심리치료 관찰, 진단, 평가

초판 1쇄 인쇄 2023년 6월 14일
초판 1쇄 발행 2023년 6월 21일

지은이 | 류분순
펴낸이 | 소정영

펴낸곳 | 도서출판 하나의학사
출판신고 | 1988년 4월 1일 제2022-000082호

주소 | 서울특별시 송파구 동남로 159, 302호(한흥빌딩)
전화 | 02-730-2555, 2556 **팩스** | 02-730-2557
이메일 | hanampc1@naver.com
홈페이지 | www.hanampc.co.kr

ISBN 979-11-91658-30-9 93180